Gabi Schierz ▪ Gabi Vallenthin

LOW FETT 30
Italienisch

www.knaur.de

Inhalt

Die LOW FETT 30-Küche in Bella Italia!

Italien ist immer noch das »Super-Sommer-Urlaubs-Lebensgefühl« für uns bleichgesichtige Nordlichter. Pasta und Wein, hauchdünne Schnitzel, gegrillter Fisch und natürlich die unvermeidliche Pizza – von den Dolci ganz zu schweigen. Und natürlich ist es möglich, auch die italienische Küche auf »LOW FETT 30« zu trimmen.

Maximal 30 Prozent der Kalorien aus Fett

Unsere Nahrung soll nur zu maximal 30 Prozent der Kalorien aus Fett bestehen. Das ist nicht identisch mit »30 Prozent Fett« oder »30 Prozent Fett in Trockenmasse« – nein, hier geht es um den Teil des Brennwertes, also der Kalorien, der aus Fettkalorien stammt.

> **Der Gesamtbrennwert eines Nahrungsmittels setzt sich wie folgt zusammen:**
>
> Gramm Kohlenhydrate x 4 Kalorien
> (weil 1 Gramm Kohlenhydrate ebenso wie
> 1 Gramm Eiweiß 4 Kalorien hat)
> + Gramm Eiweiß x 4 Kalorien
> + Gramm Fett x 9 Kalorien
> = **Gesamtbrennwert**

1 Gramm Fett hat mehr als doppelt so viele Kalorien wie 1 Gramm Eiweiß oder Kohlenhydrate. Das heißt: Für den Kalorienwert von 1 Gramm Fett können Sie doppelt so viel Eiweiß und Kohlenhydrate essen, um den gleichen Wert zu erreichen. Deswegen macht es auch Sinn, beim Fett anzusetzen: Da ist es nämlich am effizientesten, Kalorien einzusparen. 10 Gramm Fett eingespart bedeutet 90 Kalorien gespart zu haben. 10 Gramm Kohlenhydrate erleichtern Ihre Kalorienbilanz dagegen nur um 40 Kalorien. Da Kohlenhydrate häufig mit Ballaststoffen einhergehen, ist der Magen trotz weniger Kalorien wesentlich voller, als wenn man nur 10 Gramm Fett zu sich nimmt.

Funktioniert LOW FETT 30 mit Kaloriensparen?

Jede Gewichtsreduktion über das Essen geht mit einer Brennwertverminderung oder mit einer Aktivierung des Stoffwechsels einher. Genau so, wie jede Gewichtszunahme – abgesehen von einem maroden Stoffwechsel – über das Essen von mehr Kalorien herrührt, als man durch seine körperliche Betätigung verbraucht. Dennoch müssen wir nicht unbedingt Kalorien zählen, um abzunehmen – außer, wir sind so genannte »Kontrolltypen«, die das Zählen von Kalorien für den eigenen Überblick brauchen. Alleine eine deutliche Senkung des Fettanteils in der Nahrung spart so deutlich Kalorien ein, dass sich das in einer Gewichtsreduktion auswirkt. Außer: Sie futtern noch mehr als vorher, essen eben statt des fetten Käsebrotes von früher zu Ihrem Marmeladebrot noch eine halbe Tüte

Gummibärchen oder einfach zwei Marmeladebrote. Das ist eindeutig nicht im Sinne des Erfinders.

Das ist auch einer der Gründe, warum die LOW FAT-Welle in den USA bei vielen Menschen zu noch dramatischerem Übergewicht führt: Die Leute dort stopfen nämlich, wo sie gehen und stehen, den reinen Zucker in Form von Cola, LOW FAT-Eiscreme, LOW FAT-Burgern und ähnlichem Essen in sich rein – führen sich auf diese Weise viel zu viele Kalorien zu und ruinieren zudem ihre Bauchspeicheldrüse und das letzte bisschen Stoffwechsel, das noch funktioniert hat.

Dass diese Form der Ernährung nicht zu einer Gewichtsreduktion führt, ist eigentlich klar. Aber das meinen wir ja auch nicht mit LOW FETT 30.

Die drei wichtigsten Regeln

Wenn Sie nach dem Prinzip LOW FETT 30 essen wollen, müssen Sie drei Regeln (siehe Kasten) beherzigen. Dann können Sie (fast) nichts mehr falsch machen.

Bei Regel 3 aufgepasst: Sie können diese Prozente nicht addieren. Deswegen erübrigt sich auch die Frage, ob man nur noch 9 Prozent für den Rest des Tages essen darf, wenn das Frühstück schon 21 Prozent der Kalorien aus Fett hatte. Nein, jede Mahlzeit für sich soll maximal 30 Prozent haben! Am Einfachsten geht das, indem Sie nur noch LOW FETT 30-Produkte einkaufen und mit diesen kochen und backen, wenn Sie kein entsprechendes Rezept haben.

Die drei Regeln von LOW FETT 30

1. Essen Sie, wenn Sie Hunger haben. Also, Sie sollen essen – nicht hungern -, aber Sie sollen erst essen, wenn Sie auch wirklich Hunger haben. Nicht, weil es Ihnen langweilig ist oder weil Sie irgendetwas oder irgendwer zum Essen verlockt.

2. Hören Sie mit dem Essen auf, wenn Sie satt sind. Sie dürfen sich satt essen – aber Sie sollen dann auch Messer und Gabel weglegen. Nicht einfach munter weiterfuttern, weil es mal wieder so lecker schmeckt.

3. Alles, was Sie essen, soll LOW FETT 30 sein. Egal, ob Sie zwei große Mahlzeiten am Tag essen oder fünf kleine ... jede dieser Mahlzeiten soll nicht mehr als 30 Prozent der Kalorien aus Fett haben.

Nach Rezept LOW FETT 30 kochen

Die Rezepte in unseren LOW FETT 30-Kochbüchern haben alle maximal 30 Prozent der Kalorien aus Fett, was man längst nicht von allen »LOW FAT«-Rezepten behaupten kann – hier liegt der feine Unterschied. Wichtig ist, dass Sie erst einmal so fit werden, dass Sie sich nicht weiterhin zu Ihren (Un-!!!)Gunsten verhauen. Kochen Sie gerade am Anfang viel nach unseren Rezepten, davon gibt es wirklich eine große Auswahl.

Durch den Umgang mit den Rezepten ändern sich mühelos Ihre Kochgewohnheiten: Öl »schwappt« nicht mehr über den Salat, Gemüse gelingt ohne Butter, mageres Fleisch ist trotzdem saftig ... räumen Sie also jetzt Ihren Kühlschrank um und mit Vorurteilen auf.

Trinken, aber richtig

Es ist sehr wichtig, dass Sie auch genügend trinken. Das beste Getränk zur Unterstützung Ihrer Ernährungsumstellung ist normales Wasser. Ziehen Sie Mineralwasser vor, wobei es keine Rolle spielt, ob es viel oder wenig sprudelt, das ist allein von Ihrem persönlichen Geschmack abhängig. Hauptsache, Sie trinken mehr als 2 Liter pro Tag.

Wenn Ihnen das am Anfang nicht gelingt, überlisten Sie sich selbst: Stellen Sie an allen »neuralgischen« Punkten Wasserflaschen auf und trinken Sie daraus, sobald Sie eine davon wahrnehmen: Am Arbeitsplatz, im Auto, in der Küche, am Bett, im Wohnzimmer... überall sollen Sie sich daran erinnern, dass es Zeit ist, etwas zu trinken. Sie werden staunen, wie schnell und mühelos Sie auf diese Weise Ihren Wasserverbrauch in die Höhe bekommen. Wer Wasser solo nicht »runterkriegt«, kann es auch mit Saftschorlen probieren: 50 Prozent frischer Saft ohne Zuckerzusatz (!!!), 50 Prozent Wasser... das erfrischt und schmeckt zumindest nach irgendwas.

Kalorienfalle Alkohol

Die italienischen Weine dagegen gehören eindeutig nicht zu einer LOW FETT 30-Ernährungsumstellung, wobei nichts gegen ein Glas zu besonderen Anlässen spricht - wer ist schon zum Asketen geboren. Alkohol hat zwar kein Fett, aber 7 leere Kalorien pro Gramm, und in 100 Millilitern (= 1 Glas) eines mittelschweren Rotweins finden Sie immerhin schon 13 Gramm davon. Macht fast 100 Kalorien für nix. Und bei wem bleibt's schon bei 100 Millilitern?

Dazu kommt, dass Alkohol, ein Zellgift, so lange Ihre Leber blockiert, bis er abgebaut ist. In dieser Zeit werden die anderen Stoffwechselprogramme auf Sparflamme gefahren. Last but not least macht Alkohol Appetit - vor allem auf Dinge, die man bei LOW FETT 30 besser nicht essen sollte: Erdnüsse, Käsewürfel, Salami-Scheiben und eingelegte Oliven... von der Schokolade mal ganz zu schweigen.

Auch Getränke haben Brennwert

Abgesehen vom Wasser haben nahezu alle anderen Getränke in irgendeiner Form Kalorien, außer Sie lassen beim Tee den Zucker und beim Kaffee die Milch weg. Schon eine mittelgroße Flasche Limonade erreicht den Brennwert eines Vollwertfrühstücks. Eine Flasche Cola hat so viel Kalorien wie eine Pizza.

Sorgen Sie deshalb für das natürlichste Getränk: Wasser! Auch für Ihre Kinder ist reines Wasser die ideale Empfehlung, bieten Sie ihnen im besten Falle eine Apfelsaftschorle an. Je weniger sich Ihre Kinder an übersüßte Getränke und Speisen gewöhnen, umso besser. Bleiben Sie hart. Kaufen Sie keine normale Limo und keine normale Cola. Durch die immensen Mengen Zucker in diesen Getränken ruinieren Sie die Zähne Ihrer Kinder, die Bauchspeicheldrüse ebenso und Sie trimmen auch noch die Geschmacksnerven auf süß, süßer, pappsüß.

Kleiner Tipp zur Selbst-Suggestion

Hängen Sie einen Zettel an Ihren Kühlschrank, auf dem steht: »Wasser ist das natürlichste Getränk«. Irgendwann haben Sie das verinnerlicht und Ihre inneren Widerstände hören ebenfalls auf!

Lebensmittel: Erlaubt? Verboten?

Am liebsten hätten alle unsere User eine Liste, auf der die »erlaubten« und die »verbotenen« Lebensmittelkategorien drauf stehen. Leider ist das nicht so einfach: Denn während die Pizza Salami vor Fett strotzt, liegt daneben eine Pizza Thunfisch, und die ist LOW FETT 30. Auch bei Süßigkeiten gibt es solche und solche: Einige Schokoschaumküsse sind LOW FETT 30, andere sind es nicht. Die großen Smarties sind LOW FETT 30, die kleinen nicht. Die Dominosteine von der einen Firma sind LOW FETT 30, andere sind es nicht. Es gibt viele Beispiele von »Grenzgängern«, von Produkten, die vom einen Hersteller LOW FETT 30 sind, vom anderen nicht.

Dies herauszufinden ist nicht einfach. Besonders schwierig wird es, wenn sich beim gleichen Produkt die Rezepturen ändern: So geschehen bei einem Müsliriegel, von dem vor ein paar Jahren einige der Geschmacksrichtungen LOW FETT 30 waren, dann aber so geändert wurden, dass alle Sorten über 50 Prozent der Kalorien aus Fett liegen.

Entscheidend ist stets die Nährwertangabe, die auf der Verpackung steht. Diese ist rechtsverbindlich. Bei Produkten, auf denen keine Nährwerte abgedruckt sind, empfiehlt sich ein Blick auf die Internetseite des Herstellers oder aber eine Anfrage auf unseren Internetseiten: Unter www.lowfat.de erhalten Sie auf Ihre Fragen innerhalb kürzester Zeit kompetente Antwort, längst nicht nur von uns als Betreibern der Seite, sondern sehr häufig von anderen Usern, die wie Sie unsere Bücher gekauft haben und sich jetzt auf unseren Seiten austauschen, gegenseitig informieren und motivieren und sich sogar im »richtigen Leben« zum Kochen, Einkaufen und zum Sport treffen.

Mit Bewegung den Stoffwechsel ankurbeln

Machen Sie Ihrem Stoffwechsel Beine, indem Sie die Beine mal wieder unter den Arm nehmen und zügig spazieren gehen. »Walking« nennt man das Neudeutsch und Walking ist aus mehreren Gründen empfehlenswert: Der Stoffwechsel kommt in die Gänge, dennoch bleibt man im aeroben Bereich, also in dem Bereich des Pulses, wo jede Körperzelle noch genügend Sauerstoff bekommt. Gleichzeitig baut man beim Walking Muskeln auf. Doch da man sich nicht wie verrückt schindet, gibt's so gut wie keinen Muskelkater und die Knie – und natürlich auch alle anderen Gelenke – werden dabei geschont. Da einem nichts weh tut und das Plus an Sauerstoff etwas euphorisch macht, finden selbst »Bewegungs-Legastheniker« schnell Spaß daran.

Muskeln verbrauchen mehr Kalorien als Fettmasse. Verliert man also Fett und baut Muskeln auf, hat man bei gleichem Gewicht einen erhöhten Kalorienbedarf. Man »verheizt« mehr. Wenn man zum Ausgleich dann nicht gleich wieder mehr futtert, geht das Gewicht sanft nach unten.

Die LOW FETT 30-Abnehmgruppen

Nicht allen ist es gegeben, im »stillen Kämmerlein« ein Abnehmprogramm durchzuziehen – viele brauchen den Austausch mit Gleichgesinnten, brauchen Motivation und den nötigen Kick, wenn es mal nicht so berauschend läuft. Ihnen empfehlen wir unsere LOW FETT 30-Abnehmgruppen, die es im ganzen Bundesgebiet gibt: Eine geschulte Gruppenleiterin bringt Ihnen da die Grundlagen und Feinheiten der LOW FETT 30-Ernährung bei, und die wöchentlichen Treffen helfen einem, den inneren Schweinehund zu besiegen. Das Programm ist auch strenger in der Hinsicht, dass jeder sein persönliches Kalorienlimit erhält, das er dann mit LOW FETT 30-Produkten erfüllen muss, aber nicht überschreiten soll. Damit hat man eine sehr gute Orientierung, wie viel man essen darf.

Die Gruppenleiterin hilft, die Vorgaben sinnvoll in Tages- und Wochenpläne umzusetzen, wobei »sinnvoll« bedeutet: Einfache, erprobte Gerichte, viel Gemüse, essentielle Fette – unter gleichzeitiger Berücksichtigung der individuellen Vorlieben beim Essen wie Süßigkeiten, Kuchen oder Fernseh-Knabbereien. Auch Berufstätige tun sich gerade am Anfang leichter, wenn Ihnen eine erfahrene Gruppenleiterin konkrete Tipps bei der Umsetzung des Konzeptes hilft, vor allem, wenn es im Büro nur eine Mikrowelle gibt und 50 Prozent der Tätigkeit aus Außendienst bestehen. Die Gruppenorte, Ansprechpartner und Termine erfahren Sie ebenfalls auf unseren Internetseiten.

LOW FETT 30 auf italienisch

Wie eingangs schon angedeutet, assoziiert man italienische Küche vor allen Dingen mit Pizza und Pasta. Warum viele Italiener zu den bereits vor Fett strotzenden Gerichten noch reichlich Olivenöl über das Essen gießen – z. B. über das Carpaccio, den gegrillten Fisch oder den Salat –, wird uns ein ewiges Rätsel bleiben. Das ist alles andere als bekömmlich und schmecken tut´s auch nicht, wenn´s nur noch vor Fett trieft.

Wir haben die »cucina italiana« massiv entfettet und verwenden statt 300 Gramm Käse nur noch 2 Esslöffel, statt 1 Tasse Olivenöl 1 Teelöffel – und was sollen wir Ihnen sagen: Die Speisen haben nicht nur weniger Kalorien, sie sind nicht nur viel bekömmlicher, sie schmecken vor allem total lecker nach dem, was drin ist – und nicht nur nach Fett. Toll!

Eine Küche der Regionen

Die italienische Küche ist sehr von ihren Regionen geprägt. »Die« italienische Küche gibt es einfach nicht. Die regionalen Unterschiede haben sich über Jahrhunderte aus der Vegetation, den Witterungsverhältnissen und Bodenbeschaffenheiten ergeben. Küste oder Berge, flache, saftige Wiesen oder karge, heiße Hänge zwangen ihren Bewohnern völlig unterschiedliche Methoden für Ackerbau und Viehzucht auf. Und während in der Poebene fette Rinder grasen, kann man in den bergigen Regionen des Südens nur noch Schafe und Ziegen halten. Den Norden Italiens kann man küchentechnisch schon fast den nördlichen Nachbarländern zurechnen, die Küstengebiete sind vom Fisch geprägt.

Lebensmittel aus der Viehzucht

Längst nicht überall wird Olivenöl verwendet, denn der Norden, die Poebene und auch der arme Süden beziehen einen überwiegenden Teil ihrer Lebensmittel aus der Viehzucht: Schweine, Rinder, Ziegen und Schafe liefern Fleisch, Fett und Milchprodukte. Wurst und Schinken als Antipasti sind nahezu im ganzen Land vertreten, Oliven dagegen vor allem im »Schaft« des Stiefels. Die Behauptung, in ganz Italien würde überwiegend mit Olivenöl gekocht, ist schlichtweg falsch. Und von einer »schlanken Mittelmeerküche« kann keineswegs die Rede sein: Wer's nicht glaubt, soll einfach mal nach Italien fahren und sich da die Damen und Herren jenseits der 40 ansehen – auch wenn nicht jeder gleich die Ausmaße eines Pavarotti hat.

Gewürze und Kräuter voller Aroma

Eine besondere Bedeutung haben Gewürze in Italien. Der Süden, v. a. Sizilien und Kalabrien, gibt dem Essen orientalische Noten – im Norden haben Kräuter wie Basilikum, Thymian und Rosmarin beim Geschmack das Sagen. Pizza ist übrigens eine neapolitanische Spezialität: Mit einfachen Mitteln satt zu werden war in dieser armen Region Italiens einfach eine schwierige Aufgabe, die Pizza ihre Lösung. Pasta in allen Varianten findet man hingegen in besonderer Qualität und Varianz in der Poebene.

Typisch italienisch

Typische Grundprodukte sind: Oliven, Käse, Salami, Olivenöl, Pasta, Fisch, alle Fleischsorten und Gemüse – dabei aber längst nicht so viele Tomatengerichte, wie man meinen könnte, wenn man sich die Werbespots für italienische Lebensmittel ansieht. Wir haben uns für dieses Buch die typischsten der typischen Gerichte herausgesucht: Panzanella und Pizza, Bolognese-Sauce und Saltimbocca – so umgearbeitet, dass sie die Erfordernisse von LOW FETT 30 erfüllen, aber dennoch typisch italienisch schmecken.

Die richtige Lebensmittelauswahl

Wie schon erwähnt: Die Dosis macht das Gift. Natürlich kann man auch Sahne und Speck, Eier und Olivenöl zum Kochen verwenden, aber auf die Mengenverhältnisse kommt es an. Fette Grundprodukte verwenden wir sparsam wie Gewürze, und Sie werden feststellen, dass das völlig ausreicht.

Magere Fleischsorten und -stücke

Beim Fleisch greifen wir zu den mageren Sorten: Filet, Schnitzel- und Rouladenfleisch, Roastbeef, Hühnchenbrust und einige Innereien sind LOW FETT 30 … auch magerer Kochschinken, Lachsschinken und fettfreier geräucherter Schinken. Genau genommen sind alle Produkte aus Muskelfleisch sowie das Muskelfleisch selbst für eine LOW FETT 30-Küche geeignet.

Fische aus See und Meer

Bei Fisch hängt es von der jeweiligen Sorte ab. Die Unterteilung in Friedfische (meist fettig) und Raubfische (fettärmer) reicht noch nicht aus: Meeresräuber, wie die Makrele, die Sardine oder der Lachs, sind trotz »sportlicher Betätigung« zu fett – dennoch sind die essentiellen Omega-3- und Omega-6-Fettsäuren so wichtig für uns, dass wir Sie mehrmals pro Woche in unseren Speiseplan einbauen sollten. Man muss ja nicht gleich Riesenportionen verdrücken – außerdem gibt es dazu Nudeln, Reis oder Kartoffeln, die das Verhältnis von Fettkalorien an den Gesamtkalorien in einen gesünderen Bereich verschieben.

Schalentiere, Krebse und Muscheln können Sie »bis zum Abwinken« genießen – außer Ihr Arzt hat bei Ihnen einen zu hohen Cholesterinspiegel diagnostiziert: Diese Meeresbewohner sind nämlich stark cholesterinhaltig.

Gemüse in allen Farben

Typische italienische Gemüse sind Auberginen, Zucchini, Pilze, Paprikaschoten und seit ein paar hundert Jahren auch Tomaten. Hinzu kommen Artischocken und Oliven, Erbsen und Mangold, Spinat und Bohnen. Auch weiße Bohnen sowie Hülsenfrüchte generell wie Linsen und Erbsen sind in der italienischen Küche weit verbreitet – und ideal für LOW FETT 30, weil sie relativ wenig Fett enthalten und neben Kohlenhydraten auch noch Ballaststoffe und wertvolles pflanzliches Eiweiß liefern.

Kräuter selbst ziehen

Die Bedeutung der Gewürze haben wir schon erwähnt. Kaufen Sie diese nach Möglichkeit frisch – selbst kleinere Lebensmittelgeschäfte verfügen schon über frische Blumentöpfchen mit Kräutern. Und wenn Sie einen Garten oder auch noch ein paar Blumenkästen haben, dann ziehen Sie Ihre Kräuter dort einfach selbst. Basilikumsamen sollten Sie im Abstand von mehreren Tagen aussäen, damit Sie nicht in einer Woche in diesem Gewürz ersticken und danach wochenlang keinen Nachschub haben. Rosmarin, Salbei und Thymian sind sogar winterharte Stauden: Die Anschaffung von kräftigen Pflanzen aus der Baumschule lohnt sich deshalb – und an heißen Sommertagen verleihen die Düfte der Kräuter Terrasse und Balkon entspannende Urlaubsnoten.

Italienische Küchenausrüstung

Toll wäre natürlich ein Herd mit Holzfeuer, ein Kaminofen mit Pizzasteinen... aber da die meisten von uns mit 9-qm-Küchen »gesegnet« sind, vergessen wir das ganz schnell wieder. Auflaufformen und Kasserollen sollten Sie allerdings haben. Ebenso eine Parmesanreibe und vernünftige Messer, weil sonst Gemüsegerichte zu einem Schnibbel-Marathon ausarten.

Auch eine gut beschichtete Pfanne, in der man fettfrei bzw. fettarm dünsten kann, sollte nicht fehlen. Pfeffermühle, Salzmühle, Knoblauchpresse und Fleischmesser sind die wichtigsten Küchenhelfer – die italienische

Küche braucht keinen Firlefanz wie Julienne-reißer und Melonenstecher in drei Größen.

Noch ein Wort zum Schluss

Im Anhang finden Sie eine umfangreiche Nährwerttabelle, ausgerichtet auf die Produktpalette der italienischen Küche. Bitte beachten Sie, dass alle Nährwerte von Basisprodukten stets Näherungswerte sind. Es macht keinen Sinn, Rouladenscheiben mit Fettrand auszusuchen, weil »Rouladen« in unseren Büchern als »LOW FETT 30« deklariert sind. Betrügen Sie sich nicht selbst. Der Fettrand muss vorher runter. Der Extra-Stich Butter muss auch nicht sein. Auch, wenn es keiner sieht und keiner Sie überwacht: Wenn Sie abnehmen wollen, wenn Sie gesünder leben wollen, dann nehmen Sie LOW FETT 30 so, wie es ist, und halten Sie sich dran. In vielen Beratungsgesprächen kommt eben immer wieder zutage, dass man sich durchmogelt: hier ein Auge zudrückt, dort ein bisschen schludert... und sich dann wundert, warum es nicht klappt.

Wenn Sie sich schon die Mühe machen, eine Ernährungsumstellung in Ihr Leben zu lassen, dann sollte Sie auch die Verantwortung für ihr Gelingen übernehmen: LOW FETT 30 einkaufen, LOW FETT 30 kochen, LOW FETT 30 essen. Zusammen mit einem moderaten Sportprogramm und genügend Flüssigkeitszufuhr müssten Sie Ihre Ziele, egal ob medizinisch oder »nur« optisch, erreichen.

Die Abkürzungen

bzw.	=	beziehungsweise
ca.	=	circa
EL	=	Esslöffel
F.	=	Fett
F. i. Tr.	=	Fett in Trockenmasse
g	=	Gramm
kcal	=	Kilokalorien (oder einfach: Kalorien)
kg	=	Kilogramm
KH	=	Kohlenhydrate
l	=	Liter
ml	=	Milliliter
Msp.	=	Messerspitze
o. Z.	=	ohne Zucker
Päck.	=	Päckchen
Pckg.	=	Packung
TK-	=	Tiefkühl-…
TL	=	Teelöffel
z. B.	=	zum Beispiel

Hinweise zu den Rezepten

Hilfreiche Informationen

Am Ende des Buches finden Sie die Bestell-adresse für das Buch »Steig ein... LOW FETT 30«. Es handelt sich dabei um eine fast 100 Seiten starke Broschüre, wo wir bei den Nahrungsmitteln Ross und Reiter nennen. Da werden alle Produktgruppen mit Beispielen genannt und sie enthält einen Anhang, in dem Sie eine sehr übersichtliche Nährwert-tabelle mit den gängigen Produkten finden. Ansonsten laden wir Sie auf unsere Internetseiten (www.lowfett.net) ein. Dort finden Sie ebenfalls Nährwerte, Tipps und Tricks, hilfreiche Adressen und Links, einen Chat und vor allem ein Fragen-Forum, wo Sie alle Sorgen und Probleme rund um LOW FETT 30 loswerden können.

Zubereitungszeiten

Hier steht die Zeit, die Sie benötigen, um das ganze Gericht zuzubereiten. Sollten dabei längere Zeitspannen auftreten, in denen Sie nichts zu tun haben, so sind diese gesondert als Back-, Kühlzeit usw. aufgeführt.

Kalorien- und Nährwertangaben

Sie beziehen sich immer auf 1 Portion bzw. 1 Stück des Gerichts. Bei den Nährwertangaben sind auch die Kohlenhydratmengen ausgewiesen, um den Lesern, die eine Eiweiß-Formula-Diät unter ärztlicher Aufsicht machen, die Portionsberechnungen zu erleichtern.

Hinweis

Bitte beachten Sie, dass Nährwertangaben je nach Datengrundlage variieren können. Außerdem unterliegen die Inhaltsstoffe ein und desselben Lebensmittels natürlichen Schwankungen. Unsere Angaben sind deshalb als Durchschnittswerte anzusehen. In unseren Rezepten verwenden wir bei Milch die 1,5%-Variante, bei Quark und Joghurt die 0,1%-Versionen.

Zutaten

Wenn nicht anders angegeben, geht man bei Obst und Gemüse von ungeputzter Rohware aus. Bei Stückangaben wird auf ein Stück mittlerer Größe Bezug genommen.

Ofentemperaturen

Alle Temperaturen für Backöfen gelten für Elektroöfen ohne Umluftfunktion. Bei Gas- und Umluftöfen bitte die Angaben des Herstellers beachten und die entsprechende Temperatur aus der Bedienungsanleitung Ihres Herdes.

Glossar

Aceto balsamico: Italienischer Qualitätsessig, ursprünglich aus Modena, reift mindestens 12 Jahre in Holzfässern.

Al dente: italienische Bezeichnung für »bissfest« bei Nudeln, Reis etc.

Amaretto: beliebter Mandellikör, ideal für italienische Desserts.

Bruschetta: geröstetes Brot mit Knoblauch, Tomaten und Kräutern.

Cantuccini: doppelt gebackene Mandelkekse, die vor allem zu Dessertweinen gereicht werden.

Ciabatta: breites, längliches Weißbrot aus luftigem Hefeteig.

Fontina: halbfester Kuhmilchkäse, mild bis pikant.

Grappa: Branntwein aus Norditalien.

Marsala: Dessertwein aus der gleichnamigen Stadt auf Sizilien.

Mozzarella / Zottarella: Frischkäse, original aus Büffelmilch, meist jedoch aus Kuhmilch hergestellt.

Panettone: traditioneller Weihnachts-Hefegugelhupf mit kandierten Früchten.

Panzanella: Brotsalat, typisches Gericht aus der Toskana.

Pappa: italienisch »Brei«, gibt es süß oder pikant z.B. als pappa di pomodori.

Pasta: in Italien soll es über 300 verschiedene Pastasorten geben – von kurzen Nudeln wie Farfalle, Penne oder Cellentani über die Bandnudeln wie Linguine oder Tagliatelle und die langen Makkaroni bis zu speziellen Formen wie die Orecchiette (Öhrchen) aus Apulien.

Polenta: Name für Maisgrieß und das daraus gekochte Gericht.

Provolone: Hartkäse aus Süditalien, je nach Form und Größe mit speziellen Namen.

Rucola: würzige Salatpflanze, bei uns früher als Rauke bekannt.

Saltimbocca: Schnitzel (= Scaloppine) mit Salbei und Parmaschinken, das einem wortwörtlich »in den Mund springt«.

Tiramisu: Dessert aus Biskuit, Mascarpone und Espresso, geeignet um einen nach dem Mittagessen wieder »nach oben zu ziehen«.

Vitello tonnato: traditionelles Gericht aus Norditalien, Kalbfleisch in dünnen Scheiben in einer Sauce aus Thunfisch (= tonno).

Rezepte

Antipasti, Salate und Suppen

Bruschetta mit Tomaten (Foto unten)

4 Fleischtomaten

1 Knoblauchzehe

1/2 Bund Basilikum

Salz

Pfeffer

4 Scheiben Bauernbrot

1 EL Olivenöl

Für 4 Personen ▪ Zubereitungszeit: ca. 15 Min.
Pro Person: 147,3 kcal ▪ 3,2 g Fett ▪ 24,5 g KH ▪ 19,5 % kcal aus Fett

1 Die Tomaten kreuzweise einritzen, überbrühen, häuten und vierteln, die Flüssigkeit und die Kerne herausdrücken. Die Tomatenviertel in Würfel schneiden.

2 Den Knoblauch und das Basilikum hacken, unter die Tomatenwürfel mengen und mit Salz und Pfeffer abschmecken.

3 Die Brotscheiben rösten, die Tomatenstückchen darauf verteilen und mit Olivenöl beträufeln.

TIPP: Für einen dezenteren Knoblauchgeschmack die Zehen nicht hacken, sondern ungeschält halbieren und die gerösteten Brotscheiben damit einreiben.

Röstbrot mit Geflügelleber (Foto oben)

400 g Hühnerleber

1 Zwiebel

1 TL Olivenöl

2 Sardellenfilets

1 EL Kapern

1/8 l Weißwein

1/4 l Hühnerbrühe

Salz

Pfeffer

1 EL Butter

1 Ciabatta-Brot

1 EL gehackter Kerbel

Für 4 Personen (etwa 24 Stück) ▪ Zubereitungszeit: ca. 30 Min.
Pro Person: 458,5 kcal ▪ 9,5 g Fett ▪ 56,8 g KH ▪ 18,6 % kcal aus Fett

1 Die Leber mit kaltem Wasser abspülen, trockentupfen und die Fettreste entfernen. Die Zwiebel abziehen und in kleine Würfel schneiden.

2 In einer beschichteten Pfanne das Öl erhitzen, die Leber darin von allen Seiten bei mittlerer Hitze etwa 10 Minuten braten. Aus der Pfanne nehmen und etwas abkühlen lassen.

3 Die Zwiebelwürfel im restlichen Bratfett goldgelb dünsten. Die Leber fein hacken und wieder in die Pfanne geben. Die Sardellenfilets abspülen, mit den Kapern fein hacken und zur Leber geben. Alles etwa 10 Minuten bei geringer Hitze garen.

4 Nach und nach den Wein und die Brühe unterrühren, sodass eine cremige Paste entsteht. Mit Salz und Pfeffer abschmecken und die Butter unter die abgekühlte Creme rühren.

5 Das Brot in Scheiben schneiden und rösten. Die Geflügellebercreme auf die Brotscheiben streichen und etwas Kerbel darüber streuen.

Eingelegte Paprika

500 g rote Paprikaschoten

500 g gelbe Paprikaschoten

1–2 TL Salz

250 g Frühlingszwiebeln

2 Knoblauchzehen

2 Lorbeerblätter

20 schwarze Pfefferkörner

6 EL Essig-Essenz

Für 4 Gläser (à 500 ml) ▪ Zubereitungszeit: ca. 25 Min. ▪ Haltbarkeit: ca. 6 Monate
Pro Person: 64,5 kcal ▪ 1 g Fett ▪ 9,3 g KH ▪ 13,9 % kcal aus Fett

1 Die Paprikaschoten achteln und waschen. In 1/2 Liter kochendes Salzwasser geben, 1 Minute aufkochen, kalt abschrecken und abtropfen lassen. Den Sud beiseite stellen.

2 Die Frühlingszwiebeln putzen, waschen und schräg in 3 bis 4 Zentimeter lange Stücke schneiden. Den Knoblauch abziehen und in feine Stifte schneiden.

3 Knoblauch und Frühlingszwiebeln mit den Paprika, Lorbeer und Pfeffer in vier ausreichend große Gläser füllen. Den Paprikasud mit Wasser und Essig-Essenz auf 800 Milliliter auffüllen und in die vier Gläser gießen, bis das Gemüse gerade bedeckt ist.

4 Die Gläser mit Gummiringen, Deckeln und Klammern verschließen und in den Einmachtopf stellen. Wasser auffüllen, Topf verschließen und 30 Minuten bei 100 °C sterilisieren (Gebrauchsanweisung für den Einkochkessel beachten!).

TIPP: Wer keinen Einmachtopf besitzt, kann auch ganz einfach im Backofen einwecken – die Methode dazu ist bei dem Rezept unten beschrieben.

Pikant eingelegte Bohnen

2 kg grüne Bohnen

Salz

1 1/2 kg Fleischtomaten

8 Zwiebeln

12 Wacholderbeeren

3 EL weiße Pfefferkörner

50 g frisches Bohnenkraut

250 ml Essig-Essenz

250 g Zucker

4 Lorboorblättor

Für 7 Gläser (à 500 ml) ▪ Zubereitungszeit: ca. 35 Min. ▪ Haltbarkeit: ca. 12 Monate
Pro Person: 277,8 kcal ▪ 1,1 g Fett ▪ 56,8 g KH ▪ 3,6 % kcal aus Fett

1 Die Bohnen putzen und waschen, in etwa 2 Liter kochendes Salzwasser geben und fast gar kochen. Abgießen, kalt abschrecken und abtropfen lassen.

2 Die Tomaten kreuzweise einritzen, überbrühen, häuten, entkernen und längs in Streifen schneiden. Zwiebeln abziehen und in Scheiben schneiden.

3 Vom Blanchierwasser 1 1/2 Liter aufkochen und die Zwiebeln darin 3 Minuten garen. Wacholder und Pfeffer leicht zerdrücken und dazugeben. Bohnenkraut von den Stielen zupfen und mit Essig-Essenz, Zucker und Lorbeer darin aufkochen lassen.

4 Bohnen und Tomaten in die Gläser füllen und mit dem etwas abgekühltem Einkochsud übergießen. Die Gläser verschließen und nebeneinander in die Fettpfanne des Backofens setzen, sodass sie sich nicht berühren.

5 Etwa 1/2 Liter Wasser in die Pfanne geben, damit genügend Feuchtigkeit entsteht. Den Backofen auf 160 bis 170 °C Unterhitze einstellen. Sobald die Flüssigkeit in den ersten Gläsern zu perlen beginnt – nach ca. 30 bis 45 Minuten –, die Temperatur auf 100 °C zurückstellen und noch 15 Minuten weiterkochen.

Mediterrane Gemüseplatte

Für 4 Personen ▪ Zubereitungszeit: ca. 30 Min.
Pro Person: 198,5 kcal ▪ 6,5 g Fett ▪ 16,8 g KH ▪ 29,5 % kcal aus Fett

1 Die Eier in Wasser in 10 Minuten hart kochen, dann abschrecken. Die Kartoffeln waschen und im kochenden Salzwasser in 20 Minuten fertig garen.

2 Paprika halbieren, entkernen, waschen und in Stücke schneiden. Zwiebeln abziehen und vierteln. Tomate waschen, entkernen und in kleine Würfel schneiden. Das vorbereitete Gemüse auf eine Platte geben.

3 Die Eier pellen und halbieren. Thunfisch abtropfen lassen und in kleine Stücke zerteilen. Kartoffeln abgießen, pellen und in Stücke schneiden. Kartoffeln, Eier, Peperoni, Thunfisch und Petersilie zu dem Gemüse auf die Platte legen.

4 Aus dem Olivenöl, der Gemüsebrühe, dem Zitronensaft, Salz und Pfeffer eine Marinade rühren und über den Salat träufeln. Mit Minzeblättchen garnieren.

2 Eier

300 g fest kochende Kartoffeln

Salz

2 rote Paprikaschoten

2 weiße Zwiebeln

1 große Fleischtomate

1 Dose Thunfisch (195 g; im eigenen Saft)

8 eingelegte grüne Peperoni

2 EL gehackte glatte Petersilie

1 TL Olivenöl

2 EL Gemüsebrühe

1 EL Zitronensaft

Pfeffer

4 frische Minzezweige

Melone im Würzsud

Für 2 Gläser (à 500 ml) ▪ Zubereitungszeit: ca. 20 Min. ▪ Marinierzeit: ca. 24 Std. ▪ Haltbarkeit: ca. 2–3 Tage
Pro Person: 312 kcal ▪ 1 g Fett ▪ 72,5 g KH ▪ 2,9 % kcal aus Fett

1 Den Zucker mit 450 Milliliter Wasser aufkochen und 5 Minuten leicht kochen lassen.

2 Den Ingwer schälen und fein hacken. Die Limette heiß abwaschen und mit einem Sparschäler in 1 Zentimeter breiten Streifen dünn abschälen, den Saft auspressen. Die Minzeblättchen abzupfen. Alles zum Zuckersirup geben, abkühlen lassen.

3 Die Melone halbieren, entkernen, schälen und in ca. 1 Zentimeter dicke Spalten schneiden. Das Fruchtfleisch in zwei heiß ausgespülte Gläser schichten.

4 Mit dem Würzsud aufgießen, sodass das Fruchtfleisch vollständig bedeckt ist. Die Gläser gut verschließen. Im Kühlschrank 24 Stunden durchziehen lassen.

TIPP: Die eingelegte Melone hält sich im Würzsud 2 bis 3 Tage im Kühlschrank. Sie schmeckt als Antipasto, passt aber auch sehr gut als Beilage zu Kurzgebratenem oder als Dessert zu Zitronensorbet.

50 g Zucker

1 Stück Ingwerwurzel (2 cm)

1 Limette

6–8 Stängel Minze

1 reife Zuckermelone (z. B. Kantalup-Melone; ca. 750 g)

Panzanella (Foto)

1 weiße Zwiebel

1 Knoblauchzehe

200 g feste reife Tomaten

200 g Salatgurke

1 gelbe Paprikaschote

1 Bund Rucola

1/2 Bund Petersilie

2 EL Rotweinessig

3 EL Gemüsebrühe

Salz, Pfeffer

2 EL Olivenöl

200 g altbackenes Weizenbrot

1 EL kleine Kapern

Für 4 Personen ▪ Zubereitungszeit: ca. 15 Min. ▪ Marinierzeit: ca. 10 Min.
Pro Person: 194,5 kcal ▪ 6,2 g Fett ▪ 29 g KH ▪ 28,6 % kcal aus Fett

1 Zwiebel abziehen, vierteln und in feine Streifen schneiden. Den Knoblauch abziehen und fein hacken. Tomaten, Gurke und Paprika putzen und waschen und in kleine Würfel schneiden.

2 Rucola und Petersilie fein hacken. Essig, Gemüsebrühe, Salz, Pfeffer und Öl gut verrühren. Das Gemüse und die Kräuter mit der Sauce vermengen.

3 Das Brot kräftig toasten und in Würfel schneiden. Oder erst in Würfel schneiden und in einer Pfanne ohne Fett unter ständigem Wenden anrösten. Das Brot unter den Salat heben und 10 Minuten ziehen lassen.

4 Die Panzanella noch einmal gut durchmischen, mit Kapern bestreuen und servieren.

Staudensellerie mit Sardellen

6 Selleriestangen

Salz

1 EL Rosinen

2 Sardellenfilets

3 EL Zitronensaft

1 TL Olivenöl

3 EL Gemüsebrühe

Pfeffer

1 Bund Basilikum

Für 4 Personen ▪ Zubereitungszeit: ca. 15 Min. ▪ Marinierzeit: ca. 1 Std.
Pro Person: 47,5 kcal ▪ 1,5 g Fett ▪ 3 g KH ▪ 28,4 % kcal aus Fett

1 Die Selleriestangen waschen und in Scheiben schneiden. Etwa 1 Minute in kochendem Salzwasser blanchieren, abgießen und in kaltem Wasser abschrecken.

2 Die Rosinen mit heißem Wasser überbrühen. Die Sardellenfilets abspülen und in Streifen schneiden.

3 Den Zitronensaft, das Öl, die Gemüsebrühe und die Rosinen verrühren, mit Salz und Pfeffer würzen und zusammen mit den Sardellenfilets über den Staudensellerie geben.

4 Mindestens 1 Stunde durchziehen lassen. Als Antipasti auf einer Platte anrichten und mit den abgezupften Basilikumblättern bestreut servieren.

Auberginensalat

Für 4 Personen ■ Zubereitungszeit: ca. 30 Min. ■ Marinierzeit: ca. 2 Std.
Pro Person: 103 kcal ■ 3 g Fett n 6 g KH ■ 26,2 % kcal aus Fett

800 g kleine Auberginen

Saft von 1 Zitrone

1/4 l trockener Weißwein

Salz

3 Knoblauchzehen

1 EL Pfefferminzblättchen

1 EL Olivenöl

3 EL Aceto balsamico

1 Msp. Cayennepfeffer

1 Die Stielansätze der Auberginen entfernen. Die Früchte waschen, in Scheiben schneiden und in eine Kasserolle schichten.

2 Mit dem Zitronensaft und dem Wein begießen. Mit Wasser aufgießen, bis das Gemüse bedeckt ist. Salzen und zugedeckt etwa 15 Minuten leicht kochen lassen, bis die Auberginen knapp gar sind und die Haut nicht mehr hart ist.

3 Die Knoblauchzehen abziehen und hacken. Die Minze fein schneiden.

4 Vom Auberginensud 5 Esslöffel mit Öl, Essig, Salz, Knoblauch und Cayennepfeffer zu einer Marinade verrühren.

5 Die warmen Auberginen aus dem Sud nehmen und gut abtropfen lassen. In eine Schüssel geben, mit der Minze und der Marinade mischen und etwa 2 Stunden ziehen lassen.

Broccolisalat

Für 4 Personen ■ Zubereitungszeit: ca. 30 Min.
Pro Person: 103 kcal ■ 3,2 g Fett ■ 8,8 g KH ■ 27,9 % kcal aus Fett

800 g Broccoli

Salz

1 Fleischtomate

1 Lauchstange

1/2 Bund Radieschen

1 Bund Petersilie

Saft von 1/2 Zitrone

Pfeffer

5 EL Gemüsebrühe

1 EL Olivenöl

1 Den Broccoli in Röschen teilen, die Stiele, wenn nötig, schälen und in Scheiben schneiden. Das Gemüse in kochendem Salzwasser bei geringer Hitze 7 Minuten kochen. Abgießen, gut abtropfen lassen und in eine Schüssel geben.

2 Die Tomate kreuzweise einritzen, überbrühen, häuten, entkernen und in Würfel schneiden.

3 Vom Lauch die grünen Blätter abschneiden, die weiße Stange waschen, halbieren und in ganz dünne Scheiben schneiden. Die Radieschen waschen und in Würfel schneiden. Die Petersilie hacken.

4 Zitronensaft, Salz, Pfeffer, Gemüsebrühe und Olivenöl zu einer Sauce verrühren.

5 Die Lauchscheiben, die Tomatenwürfel, die Radieschenwürfel und die Petersilie mischen und über den Broccoli geben. Die Sauce darüber träufeln und den Salat erst bei Tisch vermengen.

TIPP: Streuen Sie noch ein hart gekochtes, gehacktes Ei über den Salat und servieren Sie ihn mit knusprigem Ciabatta-Brot.

Farfalle-Salat mit Hähnchen

Für 4 Personen ▪ Zubereitungszeit: ca. 35 Min. ▪ Marinierzeit: ca. 30 Min.
Pro Person: 348 kcal ▪ 3,5 g Fett ▪ 54 g KH ▪ 9 % kcal aus Fett

1 Die Farfalle nach Packungsanweisung in reichlich Salzwasser al dente kochen, durch ein Sieb abgießen und abkühlen lassen.

2 Das Hähnchenbrustfilet mit dem Zitronensaft beträufeln und mit Salz und Pfeffer würzen. In einer beschichteten Pfanne 1 TL Sonnenblumenöl heiß werden lassen und die Hähnchenbrustfilets darin auf jeder Seite ca. 7 Minuten braten. Abkühlen lassen und in Scheiben schneiden.

3 Die Orange mit einem Messer so schälen, dass dabei die weiße Haut vollständig entfernt wird. Die Orangenfilets aus den Trennhäuten schneiden, dabei den Saft auffangen.

4 Paprikaschote putzen, waschen und in Streifen schneiden. Joghurt mit Essig, Honig, Würzfond und 1 Esslöffel Orangensaft verrühren, mit Pfeffer abschmecken. Das Dressing mit den Salatzutaten mischen und ca. 30 Minuten durchziehen lassen.

5 Radicchio waschen und in mundgerechte Stücke zerpflücken. Die Salatblätter auf vier Teller dekorativ verteilen oder eine große Schüssel damit auskleiden und den Salat darauf servieren.

250 g Farfalle (oder andere kurze Nudeln)
Salz
250 g Hähnchenbrustfilet
Saft von 1/2 Zitrone
Pfeffer
1 TL Sonnenblumenöl
1 Orange
1 grüne Paprikaschote
150 g Joghurt
2 EL Aceto balsamico
1 TL Honig
3 EL flüssiger Würzfond Huhn
1 kleiner Radicchio

Nudelsalat Napoli

Für 4 Personen ▪ Zubereitungszeit: ca. 30 Min. ▪ Marinierzeit: ca. 2–3 Std.
Pro Person: 382 kcal ▪ 8 g Fett ▪ 61 g KH ▪ 19 % kcal aus Fett

1 Etwa 3/4 Liter Wasser zum Kochen bringen und den Brühwürfel darin auflösen. Die Nudeln hinzufügen und bei geringer Wärmezufuhr ca. 18 Minuten kochen lassen. Die Flüssigkeit soll von den Nudeln aufgenommen werden. Gelegentlich umrühren.

2 Die Knoblauchzehe abziehen und zerdrücken, mit dem Essig, Pfeffer, Salz und Senf verrühren und über die Nudeln gießen.

3 Die Tomaten waschen und halbieren. Die Zwiebeln abziehen und in dünne Scheiben schneiden. Beides mit den Erbsen unter die Nudeln mischen und 2 bis 3 Stunden durchziehen lassen.

4 Vor dem Servieren das Öl hinzufügen, umrühren und mit der Petersilie bestreut servieren.

1 Würfel klare Suppe mit Suppengrün
250 g kurze Nudeln
1 Knoblauchzehe
6 EL Aceto balsamico
Pfeffer, Salz
1 TL mittelscharfer Senf
500 g Cocktailtomaten
4 rote Zwiebeln
1 Paket TK-Erbsen (300 g)
2 EL Olivenöl
2 EL gehackte Petersilie

Zucchinisuppe mit Schinken (Foto)

800 g Zucchini

1 Knoblauchzehe

1 Zwiebel

1 EL Öl

1 Päck. TK-Suppengrün

1/2 l Gemüsebrühe

200 ml Milch

Salz

Pfeffer

150 g Lachsschinken

1/2 Bund Kerbel

4 EL saure Sahne

Für 4 Personen ■ Zubereitungszeit: ca. 20 Min.
Pro Person: 150 kcal ■ 4,5 g Fett ■ 9 g KH ■ 28 % kcal aus Fett

1 Die Zucchini putzen, waschen und in grobe Stücke schneiden. Den Knoblauch und die Zwiebel abziehen. Den Knoblauch durchpressen, die Zwiebel in Würfel schneiden.

2 Zwiebeln und Knoblauch im heißen Öl andünsten. Die Zucchinistücke und das Suppengrün dazugeben und kurz mitdünsten. Die Gemüsebrühe dazugießen, aufkochen und ca. 5 Minuten leicht kochen.

3 Die Suppe mit dem Schneidestab des Handrührgeräts grob pürieren. Die Milch einrühren und die Suppe mit Salz und Pfeffer abschmecken.

4 Den Fettrand vom Schinken entfernen, den Schinken in Streifen schneiden. Die Kerbelblättchen abzupfen und mit den Schinkenstreifen und der sauren Sahne auf die Suppe geben.

Zucchinicremesuppe

800 g Zucchini

2 Selleriestangen

1 Knoblauchzehe

1 Zwiebel

1/2 l Gemüsebrühe

200 ml Milch

Salz

Pfeffer

Muskat

Für 4 Personen ■ Zubereitungszeit: ca. 20 Min.
Pro Person: 65 kcal ■ 1,5 g Fett ■ 8 g KH ■ 21 % kcal aus Fett

1 Die Zucchini putzen und waschen, eine Scheibe der Länge nach abschneiden, den Rest schälen. Die Selleriestangen putzen, waschen und in Scheiben schneiden. Den Knoblauch und die Zwiebeln abziehen. Zwiebel und Zucchini in Würfel schneiden.

2 Zwiebel- und Zucchiniwürfel mit dem durchgepressten Knoblauch und den Selleriescheiben in wenig Wasser andünsten.

Die Gemüsebrühe dazugießen, aufkochen und ca. 10 Minuten leicht kochen lassen.

3 Die Suppe mit dem Schneidestab des Handrührgeräts pürieren. Die Milch einrühren und die Suppe mit Salz, Pfeffer und Muskat abschmecken.

4 Die ungeschälte Zucchinischeibe in kleine Würfel oder Streifen schneiden und in der Suppe heiß werden lassen.

Frühlingssuppe mit Gnocchi

Für 4 Personen ■ Zubereitungszeit: ca. 30 Min.
Pro Person: 244 kcal ■ 6 g Fett ■ 35 g KH ■ 22 % kcal aus Fett

400 g Gnocchi (Fertigprodukt)

Salz

2 Zwiebeln, 2 Selleriestangen

4 Möhren

1 Zucchini, 1 Paprikaschote

1 EL Öl

je 1 EL Tomatenmark und Senf

150 g TK-Erbsen, Pfeffer

je 1 TL Kräuter der Provence und Majoran

1 l Gemüsebrühe

2 EL geriebener Parmesan

2 EL gehackte Petersilie

1 Die Gnocchi nach Packungsanweisung in reichlich Salzwasser gar ziehen lassen.
2 Die Zwiebeln abziehen und in feine Würfel schneiden. Das Gemüse putzen und waschen bzw. schälen. Selleriestangen und Möhren in Scheiben schneiden. Zucchini der Länge nach halbieren und in Scheiben, Paprika entkernen, vierteln und in Würfel schneiden.
3 Das Öl in einem Topf erhitzen. Die Zwiebeln darin glasig dünsten. Tomatenmark und Senf dazugeben und kurz mitdünsten. Das Gemüse, die Gewürze und die Gemüsebrühe dazugeben und die Suppe zugedeckt 15 Minuten leicht kochen.
4 Die Gnocchi und den Parmesan dazugeben und einige Minuten ziehen lassen. Die Frühlingssuppe nochmals abschmecken und mit der Petersilie garnieren.

TIPP: Dazu empfehlen wir Ciabatta-Bot.

Italienische Gemüsesuppe

Für 4 Personen ■ Einweichzeit: ca. 12 Std. ■ Zubereitungszeit: ca. 2 Std. 30 Min.
Pro Person: 535,8 kcal ■ 16,7 g Fett ■ 66,5 g KH ■ 28 % kcal aus Fett

100 g weiße oder rote Bohnen

je 2 Möhren, Kartoffeln, kleine Zucchini, Sellerie- und Lauchstangen

100 g grüne Bohnen

4 reife Tomaten, 1/2 Kopf Wirsing

1 Hand voll frische Spinatblätter

1 Gemüsezwiebel

je 1 Bund Petersilie und Basilikum

50 g Frühstücksspeck »Bacon«

2 EL Olivenöl

3 l Gemüse- oder Fleischbrühe

Salz, Pfeffer, 2 Lorbeerblätter

100 g TK-Erbsen, 150 g Reis

100 g geriebener Parmesan

1 Die weißen oder roten Bohnen über Nacht in Wasser einweichen.
2 Das Gemüse waschen und putzen bzw. schälen. Möhren, Kartoffeln und Zucchini in Würfel, Sellerie und Lauch in Scheiben schneiden. Die grünen Bohnen in Stücke brechen, Tomaten entkernen und in kleine Stücke schneiden. Wirsingblätter und Spinat in Streifen schneiden. Gemüsezwiebel abziehen und mit Petersilie und Basilikum sehr fein hacken. Den Frühstücksspeck in Würfel schneiden.
3 Das Öl mit dem Speck in einem Topf leicht erhitzen, das Zwiebel-Petersilie-Basilikum-Gemisch darin andünsten. Die Tomaten dazugeben, das restliche vorbereitete Gemüse und die eingeweichten Bohnen hinzufügen, alles etwas dünsten lassen.
4 Mit heißer Brühe aufgießen, etwas salzen, pfeffern, Lorbeer hinzufügen und ca. 90 Minuten zugedeckt leicht kochen lassen.
5 Die Erbsen dazugeben, weitere 15 Minuten garen. Den Reis hinzufügen und in 15 Minuten al dente kochen.
6 Die Gemüsesuppe auf der ausgeschalteten Herdplatte noch 5 Minuten ziehen lassen. Mit dem Parmesan bestreut servieren.

TIPP: Sie können auch kurze Nudeln statt Reis als Einlage nehmen.

Bohnensuppe mit Tomaten und Schinken

Für 4 Personen ▪ Zubereitungszeit: ca. 30 Min.
Pro Person: 275,8 kcal ▪ 1,8 g Fett ▪ 44 g KH ▪ 5,9 % kcal aus Fett

1 Die Nudeln nach Packungsanweisung in reichlich Salzwasser al dente kochen. Die Knoblauchzehen abziehen.

2 Den Schinken in Würfel schneiden und in einer beschichteten Pfanne ohne zusätzliches Fett knusprig braten. Den Knoblauch zerdrücken, mit den Bohnen hinzufügen und alles leicht andünsten.

3 Die Gemüsebrühe angießen, die Tomaten dazugeben und alles etwa 10 Minuten leicht kochen lassen.

4 Den Schnittlauch in Röllchen schneiden, das Basilikum hacken und mit den abgetropften Nudeln zur Suppe geben. Vor dem Servieren die Suppe mit Salz, Pfeffer und Zucker abschmecken.

150 g kurze Nudeln

Salz

2 Knoblauchzehen

100 g magerer Schinken

2 Pakete grüne TK-Bohnen (à 450 g)

1½ l Gemüsebrühe

1 Dose Tomaten (400 g)

je 1 Bund Schnittlauch und Basilikum

Pfeffer

Zucker

Rucola-Kartoffel-Suppe mit Hähnchen

Für 4 Personen ▪ Zubereitungszeit: ca. 30 Min.
Pro Person: 250 kcal ▪ 5,5 g Fett ▪ 26,5 g KH ▪ 20 % kcal aus Fett

1 Das Hähnchenbrustfilet in Streifen schneiden. Die Kartoffeln waschen, schälen und in kleine Würfel schneiden. Die Zwiebel abziehen und in Ringe schneiden.

2 In einem Topf das Sonnenblumenöl heiß werden lassen und das Fleisch darin anbraten. Herausnehmen und warm stellen. Kartoffelwürfel und Zwiebelringe im Bratfett kurz andünsten, 3/4 Liter Wasser dazugießen und zum Kochen bringen. Den Würzfond hinzufügen und die Suppe 15 Minuten leicht kochen lassen.

3 Den Rucola putzen, waschen und die Stiele entfernen. Bis auf ein wenig zum Dekorieren die Blätter zur Suppe geben und alles pürieren. Mit Pfeffer abschmecken. Das Hähnchenfleisch dazugeben und in der Suppe heiß werden lassen.

4 Die Kaffeesahne mit dem Zitronensaft verrühren. Die Suppe in warmen Tellern anrichten und mit Zitronensahne und Rucola garniert servieren.

250 g Hähnchenbrustfilet

500 g Kartoffeln

1 Zwiebel

1 EL Sonnenblumenöl

4 EL flüssiger Würzfond Geflügel

125 g Rucola

Pfeffer

200 ml Kaffeesahne

1 Spritzer Zitronensaft

Brot, Pizza und Pasta

Ciabatta-Pizza (Foto)

Für 4 Personen ▪ Zubereitungszeit: ca. 35 Min.
Pro Person: 558,2 kcal ▪ 10,7 g Fett ▪ 64,3 g KH ▪ 17,2 % kcal aus Fett

1 Ciabatta zum Fertigbacken (500 g)

300 g Zucchini

400 g Hähnchenbrustfilet

250 g Zottarella light

1 Knoblauchzehe

1 Rosmarinzweig

1 EL Olivenöl

Salz

Pfeffer

1 Paket gehackte Tomaten mit Kräutern (370 g)

1 Den Backofen auf 220 °C vorheizen. Das Ciabatta-Brot in 4 Teile schneiden und anschließend jedes längs halbieren.

2 Zucchini putzen, der Länge nach halbieren und mit dem Hähnchenbrustfilet in $1/2$ Zentimeter dicke Scheiben schneiden. Zottarella in 16 Scheiben schneiden. Knoblauch abziehen, Rosmarin abzupfen und hacken.

3 Ciabatta mit der Schnittfläche nach oben auf ein mit Backpapier ausgelegtes Backblech legen und im Ofen auf der zweiten Schiene von unten 10 Minuten backen.

4 Inzwischen das Öl in einer Pfanne erhitzen. Zucchini und Hähnchenbrust darin unter Wenden anbraten. Knoblauch dazupressen, Rosmarin dazugeben, salzen und pfeffern, 5 Minuten braten. Tomaten mit Salz und Pfeffer würzen und abschmecken.

5 Das Blech aus dem Ofen holen, je 1 bis 2 Esslöffel Tomaten auf ein Brotstück streichen. Die Hähnchenbrust-Zucchini-Mischung darauf verteilen und jedes Brotstück mit 2 Käsescheiben belegen. Die Ciabatta-Pizza weitere 5 bis 8 Minuten backen und sofort servieren.

Kräuter-Käse-Ciabatta

Für 4 Personen ▪ Zubereitungszeit: ca. 25 Min.
Pro Person: 372 kcal ▪ 3 g Fett ▪ 70 g KH ▪ 7 % kcal aus Fett

100 g Magerquark

2 Knoblauchzehen

2 EL geriebener Parmesan

1 TL Kräutersalz

ca. 60 ml Milch

reichlich frische Kräuter (z. B. Basilikum, Petersilie, Schnittlauch)

1 Ciabatta-Brot

1 Den Quark mit dem durchgepressten Knoblauch, dem Parmesan und dem Kräutersalz gut verrühren. Nur so viel Milch dazugeben wie nötig, die Masse soll streichfähig sein. Die Kräuter waschen, klein hacken und untermengen.

2 Den Backofen auf 250 °C vorheizen. Das Brot in Scheiben schneiden, die Kräutermischung darauf streichen. Die Brotscheiben wieder zusammensetzen, in Alufolie einschlagen, aber oben offen lassen, damit das Brot knusprig wird. Im Backofen 10 bis 15 Minuten backen.

Tipp: Sie können die Brotscheiben auch nebeneinander auf Backpapier auf das Backblech legen, dann wird der Aufstrich leicht gebräunt und das Brot schmeckt noch knuspriger.

Spaghetti mit Lachs in Zitronensauce (Foto)

500 g Spaghetti, Salz

150 g Zuckerschoten

1 Zwiebel

1 EL Olivenöl

1 Döschen Safran

1/4 l Brühe

1/8 l Weißwein (z. B. Pinot Bianco)

200 ml Milch

3 EL Saucenbinder für helle Saucen

300 g Lachsfilet

1 Zitrone in dünnen Scheiben

je 1/2 Bund Dill und Kerbel

Für 4 Personen ■ Zubereitungszeit: ca. 20 Min.

Pro Person: 377 kcal ■ 5,5 g Fett ■ 51 g KH ■ 13 % kcal aus Fett

1 Die Spaghetti in reichlich Salzwasser nach Packungsanleitung al dente kochen, abgießen und abtropfen lassen.

2 Die Zuckerschoten in Stücke schneiden und in einem Topf in kochendem, gesalzenem Wasser ca. 5 Minuten garen.

3 Die Zwiebel abziehen, in Würfel schneiden, im heißen Öl glasig dünsten, den Safran unterrühren. Die Brühe, den Wein und die Milch angießen, aufkochen und mit Saucenbinder binden.

4 Den Lachs in Scheiben schneiden, mit den Zitronenscheiben in die Sauce geben und ca. 2 bis 3 Minuten gar ziehen lassen. Die abgetropften Zuckerschoten dazugeben und alles nochmal abschmecken. Die gehackten Kräuter darüber streuen und mit den Spaghetti servieren.

Farfalle al Limone

4 Frühlingszwiebeln

1 EL Butter

1 Limette oder unbehandelte Zitrone

4 EL Marsala

1/4 l Milch

1 Würfel Gemüsebrühe

250 g saure Sahne

Salz

Pfeffer

500 g Farfalle

1 EL gehackte frische Zitronenmelisse

2 EL gehackter frischer Dill

60 g geriebener Parmesan

Für 4 Personen ■ Zubereitungszeit: ca. 30 Min.

Pro Person: 643 kcal ■ 15 g Fett ■ 101 g KH ■ 21 % kcal aus Fett

1 Die Frühlingszwiebeln putzen, waschen und in kleine Ringe schneiden. In einer Pfanne die Butter heiß werden lassen und die Frühlingszwiebeln darin glasig andünsten.

2 Die Limette oder Zitrone waschen, die Schale abreiben und die Frucht auspressen. 2 Esslöffel Limetten- bzw. Zitronensaft, den Marsala und die Milch zu den Frühlingszwiebeln hinzufügen und aufkochen. Den Brühwürfel darin auflösen und bei mittlerer Hitze ca. 5 Minuten leicht kochen. Mit Salz, Pfeffer und 1 Teelöffel Limettensaft würzen, die saure Sahne unterrühren und abschmecken.

3 Die Farfalle nach Packungsanweisung al dente kochen, abgießen und gut abtropfen lassen. Die Nudeln mit der Sauce, der Zitronenmelisse und dem Dill mischen und den Parmesan darüber streuen.

Orecchiette mit Broccoli

600 g Broccoli

Salz

2 Knoblauchzehen

50 g Sardellenfilets

1 rote Chilischote

400 g Orecchiette (oder Penne)

2 EL Olivenöl

Pfeffer

80 g geriebener Pecorino oder Parmesan

Für 4 Personen ▪ Zubereitungszeit: ca. 20 Min.
Pro Person: 514 kcal ▪ 9,2 g Fett ▪ 79,5 g KH ▪ 16,1 % kcal aus Fett

1 Den Broccoli putzen, waschen und in Röschen zerteilen. In wenig Salzwasser 5 Minuten garen. Abgießen, dabei das Kochwasser auffangen.

2 Den Knoblauch abziehen und in Würfel schneiden. Sardellenfilets abspülen, abtropfen lassen. Chilischote der Länge nach aufschneiden, entkernen, waschen und in Würfel schneiden.

3 Die Orecchiette nach Packungsanleitung al dente kochen, abgießen und abtropfen lassen.

4 Knoblauch in heißem Öl andünsten, Sardellen dazugeben und zerdrücken, etwa 3 Minuten garen. Chili und Broccoli hinzufügen und weitere 5 Minuten garen. Etwa 100 Milliliter Broccoliwasser hinzufügen und noch 5 Minuten garen. Mit Salz und Pfeffer würzen, unter die Nudeln mischen. Den Käse zum Servieren darüber streuen.

Tagliatelle mit Bohnen und Broccoli

300 g Tagliatelle, Salz

1 Döschen Safranfäden

2 Bund Basilikum

1 Bund glatte Petersilie

2 Knoblauchzehen

10 g Pinienkerne

60 g geriebener Parmesan

2 EL Olivenöl

150 ml Gemüsebrühe, Pfeffer

250 g Kartoffeln, 250 g Broccoli

1 Dose kleine weiße Bohnen (250 g)

1 Zwiebel, 1 Paket dicke grüne TK-Bohnen (300 g)

Für 4 Personen ▪ Zubereitungszeit: ca. 20 Min.
Pro Person: 709,8 kcal ▪ 13,1 g Fett ▪ 108,3 g KH ▪ 6,6 % kcal aus Fett

1 Die Nudeln im kochenden Salzwasser mit Safran in 8 bis 10 Minuten al dente garen und abtropfen lassen.

2 Die Kräuter waschen, trockentupfen und grob hacken. Mit dem abgezogenen Knoblauch, Pinienkernen und Käse im Zerkleinerer fein hacken und mit 1 Esslöffel Öl und 4 Esslöffel Gemüsebrühe verrühren. Mit Salz und Pfeffer abschmecken.

3 Kartoffeln schälen, waschen und in kleine Würfel schneiden. Broccoli waschen, putzen und in kleine Röschen zerteilen. Weiße Bohnen abtropfen lassen, Zwiebel abziehen und in Würfel schneiden.

4 Die Zwiebeln im restlichen heißen Öl andünsten. Kartoffeln, Broccoliröschen und beide Bohnensorten hinzufügen und kurz mitdünsten. Die restliche Brühe angießen und 8 Minuten leicht kochen lassen. Mit Salz und Pfeffer würzen.

5 Das Gemüse mit den Nudeln und dem Kräuter-Pesto vermengen und servieren.

Pesto in 3 Varianten

Pesto-Variante 1

Für 4 Personen ■ Zubereitungszeit: ca. 20 Min.
Pro Person: 425 kcal ■ 7 g Fett ■ 70 g KH ■ 14,8 % kcal aus Fett

1 Petersilie, Estragon und Basilikum hacken, mit dem Olivenöl, dem Knoblauch, der Hühnerbrühe, dem Weißwein, etwas Salz und Pfeffer pürieren.

2 Die Nudeln in reichlich Salzwasser nach Packungsanleitung al dente kochen, zum Pesto geben und gut untermischen.

1 großes Bund Petersilie

1/2 Bund Estragon

1 Bund Basilikum

1 EL Olivenöl

1 große Knoblauchzehe

4 EL Hühnerbrühe

2 EL trockener Weißwein

Salz, Pfeffer

400 g bunte Pasta

Pesto-Variante 2

Für 4 Personen ■ Zubereitungszeit: ca. 20 Min.
Pro Person: 439 kcal ■ 3,5 g Fett ■ 76,8 g KH ■ 7,2 % kcal aus Fett

1 Das Basilikum klein schneiden, mit den Pinienkernen, dem Knoblauch und dem Parmesan pürieren.

2 Den Quark unterrühren, mit Salz und Pfeffer abschmecken.

3 Die Nudeln nach Packungsanleitung in reichlich Salzwasser kochen, abgiessen und mit dem Pesto servieren.

1 Bund Basilikum

10 g Pinienkerne

1 Knoblauchzehe

1 EL geriebener Parmesan

250 g Magerquark

Salz, Pfeffer

400 g Pasta

Pesto-Variante 3

Für 4 Personen ■ Zubereitungszeit: ca. 10 Min.
Pro Person: 523 kcal ■ 7,5 g Fett ■ 95,3 g KH ■ 12,9 % kcal aus Fett

1 Alle Zutaten, bis auf die Brühe, im Mixer zu einer dicken grünen Paste pürieren.

2 So viel Brühe hinzufügen, bis das Pesto die gewünschte Konsistenz hat. Mit Salz und Pfeffer abschmecken.

3 Die Spagetti nach Packungsanleitung in reichlich Salzwasser kochen, abgießen und unter das Pesto mischen.

1 Bund Basilikum (oder andere Kräuter nach Geschmack)

etwas Petersilie

1 EL Pinienkerne

1 EL geriebener Parmesan

3 dicke Knoblauchzehen

Gemüsebrühe, Salz, Pfeffer

500 g Spaghetti

Bandnudeln mit Kalbs-Sugo (Foto)

Für 4 Personen ■ Zubereitungszeit: ca. 3 Std.
Pro Person: 659,3 kcal ■ 11,2 g Fett ■ 85,3 g KH ■ 15,3 % kcal aus Fett

100 g Schalotten, 1 Knoblauchzehe

200 g Möhren

je 100 g Knollen- und Stangensellerie

400 g geschälte Tomaten (Dose)

600 g Kalbfleisch (aus der Schulter)

Salz, Pfeffer

2 EL Olivenöl

1 TL Tomatenmark

200 ml Rotwein

1 Rosmarinzweig

1 Lorbeerblatt

1/2 l Kalbsfond, Zucker

400 g Bandnudeln

1 EL gehackte Petersilie

1 Schalotten und Knoblauch abziehen und in Würfel schneiden. Möhren, Knollen- und Staudensellerie putzen, schälen und in 1/2 Zentimeter große Würfel schneiden. Tomaten mit einem Kartoffelstampfer grob zerkleinern, Stiel- und Schalenreste entfernen. Kalbfleisch in Würfel schneiden, salzen und pfeffern.

2 In einem Bräter das Öl erhitzen, Fleisch darin rundherum anbraten, herausnehmen. Im restlichen Bratfett Schalotten, Knoblauch, Möhren, Knollen- und Staudensellerie anbraten. Tomatenmark unterrühren, kurz mitrösten und mit Rotwein ablöschen. Den Wein vollständig einkochen lassen.

3 Tomaten, Rosmarin und Lorbeer dazugeben und mit Kalbsfond auffüllen. Aufkochen und mit Zucker, Salz und Pfeffer würzen. Kalbfleischwürfel wieder hinzufügen und den Sugo 2 Stunden bei mittlerer Hitze offen schmoren lassen.

4 Die Kalbfleischwürfel herausnehmen, etwas abkühlen lassen und grob zerzupfen. Wieder in den Bräter geben und den Sugo bei milder Hitze noch 30 Minuten einkochen.

5 Gleichzeitig die Nudeln in reichlich Salzwasser nach Packungsanweisung al dente kochen, abgießen und abtropfen lassen. Die Petersilie über den Sugo streuen und mit den Nudeln servieren.

Linguine mit Linsen-Bolognese

Für 4 Personen ■ Zubereitungszeit: ca. 25 Min.
Pro Person: 653 kcal ■ 10,3 g Fett ■ 106,5 g KH ■ 14,1 % kcal aus Fett

400 g Linguine (Bandnudeln)

2 Möhren, 1 Stück Knollensellerie

2 Lauchstangen, 300 g Zwiebel

1 Knoblauchzehe, 2 EL Öl

Salz, Pfeffer, etwas Zucker

4 EL Tomatenmark

1/4 l Rotwein, 8 Stiele Thymian

300 ml Tomatensaft

300 ml Gemüsefond

125 g Linsen (aus der Dose)

50 g gehobelter Parmesan

1 Die Nudeln in reichlich Salzwasser al dente kochen.

2 Das Gemüse putzen, waschen und in ca. 1/2 Zentimeter große Würfel schneiden. Zwiebel und Knoblauchzehe abziehen und in Würfel schneiden.

3 Das Gemüse im heißen Öl 2 bis 3 Minuten unter Rühren andünsten. Kräftig mit Salz, Pfeffer würzen und mit etwas Zucker abschmecken. Tomatenmark dazugeben und kurz mitrösten. Mit Rotwein ablöschen und offen bei starker Hitze fast vollständig einkochen lassen.

4 Thymian von den Stielen zupfen und – bis auf 1 Esslöffel – Blättchen fein hacken. Tomatensaft mit Thymian und Linsen zum Gemüsefond geben und aufkochen lassen. Mit Salz und Pfeffer abschmecken, mit Thymian garnieren und mit Parmesan zu den Nudeln servieren.

Penne mit Thunfisch-Weißwein-Sauce

500 g Penne

Salz

2 Zwiebeln

2 Knoblauchzehen

1 EL Olivenöl

2 Dosen Tomaten (à 285 g)

Pfeffer

1/4 l Weißwein (z. B. Pinot Bianco)

300 g Thunfisch (im eigenen Saft)

1 Msp. Chilipulver

Oregano

Basilikum

Für 4 Personen ▪ Zubereitungszeit: ca. 20 Min.
Pro Person: 624 kcal ▪ 5 g Fett ▪ 99 g KH ▪ 7 % kcal aus Fett

1 Die Nudeln nach Packungsanweisung in reichlich Salzwasser al dente kochen.

2 Die Zwiebeln und die Knoblauchzehen abziehen und klein hacken, im heißen Öl dünsten. Die Tomaten klein schneiden, mit Saft dazugeben, salzen und pfeffern. Mit Deckel etwa 5 Minuten leicht kochen lassen.

3 Den Weißwein und das fein zerpflückte Thunfischfleisch dazugeben, mit Chili, Oregano und Basilikum abschmecken und noch etwa 5 Minuten leicht kochen lassen, 2 bis 3 Esslöffel Nudelwasser unterrühren.

4 Die abgegossene Pasta mit der Thunfischsauce mischen und auf Tellern anrichten.

Knoblauchböhnchen mit Pasta

250 g Cellentani oder Penne

250 g Kartoffeln

350 g grüne Bohnen

2 Tomaten

3 TL klare Gemüsebrühe

1 EL Olivenöl

3 Knoblauchzehen

3 EL gehackter Salbei

2 Päck. helle Sauce Holländische Art

100 g geriebener Parmesan

Für 4 Personen ▪ Zubereitungszeit: ca. 50 Min.
Pro Person: 479 kcal ▪ 15 g Fett ▪ 63 g KH ▪ 28 % kcal aus Fett

1 Die Pasta nach Packungsanweisung in reichlich Salzwasser al dente kochen.

2 Das Gemüse putzen und waschen. Kartoffeln schälen und in 1 Zentimeter große Würfel schneiden. Tomaten in Würfel schneiden.

3 In einem größeren Topf 1 Liter Wasser mit der Gemüsebrühe zum Kochen bringen und Kartoffeln und Bohnen darin ca. 10 Minuten garen. Abgießen und das Kochwasser auffangen. Das Gemüse warm stellen.

4 Im heißen Öl die durchgepressten Knoblauchzehen zusammen mit dem Salbei ca. 3 Minuten andünsten. Das Gemüsekochwasser dazugießen, Saucenpulver einrühren und aufkochen. Die Hälfte vom Parmesan unterrühren.

5 Das Gemüse und die Nudeln unter die Sauce mischen und heiß werden lassen. Mit dem übrigen Parmesan bestreuen.

Pasta mit Tintenfisch

Für 4 Personen ■ Zubereitungszeit: ca. 1 Std. 30 Min.
Pro Person: 479,3 kcal ■ 7g Fett ■ 78 g KH ■ 13,1 % kcal aus Fett

1 Die Nudeln nach Packungsanweisung in reichlich Salzwasser al dente kochen.

2 Vom frischen Tintenfisch die Innereien wie Schwimmblase, Augen etc. entfernen, dabei vorsichtig sein, damit die Tintensäckchen nicht verletzt werden. Das Tintenfischfleisch gut waschen, trockentupfen und fein hacken.

3 Zwiebel und Knoblauch abziehen und in kleine Würfel schneiden. Tomaten kreuzweise einschneiden, überbrühen, häuten, entkernen und in Würfel schneiden.

4 In einer beschichteten Pfanne das Olivenöl heiß werden lassen, Zwiebel und Knoblauch darin andünsten. Tomatenwürfel, gehacktes Tintenfischfleisch und nach Belieben bei frischer Ware die Tintensäckchen dazugeben. Diese Mischung ca. 1 Stunde bei geringer Hitze leicht kochen lassen. Mit Pfeffer und Salz würzen, evtl. etwas Pasta-Kochwasser unterrühren und abschmecken.

5 Den Tomaten-Tintenfisch-Sugo mit der Pasta mischen, auf Tellern anrichten und mit den frischen Basilikumblättchen garnieren.

400 g Pasta (z. B. Spaghettini)

Salz

300 g frischer Tintenfisch oder TK-Tintenfischringe

1 Zwiebel

2 Knoblauchzehen

300 g Tomaten

2 EL Olivenöl

Pfeffer

einige Basilikumblättchen

Sommerpasta mit Äpfeln

Für 4 Personen ■ Zubereitungszeit: ca. 25 Min.
Pro Person: 466 kcal ■ 4,8 g Fett ■ 89,3 g KH ■ 9,4 % kcal aus Fett

1 Die Äpfel waschen, das Gemüse putzen, waschen und alles klein schneiden. Die Zwiebeln abziehen und in Würfel schneiden.

2 Das Öl in der Pfanne erhitzen und die Äpfel, das Gemüse und die Zwiebeln zusammen andünsten, dabei nach und nach etwas Gemüsebrühe hinzufügen, sodass ein leicht flüssiger Sugo entsteht. Salzen und pfeffern.

3 Die Nudeln in reichlich Salzwasser nach Packungsanweisung al dente kochen. Das Basilikum waschen, trockentupfen, fein schneiden, mit der Petersilie und einigen Esslöffeln Kochwasser zum Sugo geben, etwas leicht kochen lassen.

4 Die Nudeln abgießen, gut abtropfen lassen, mit dem Sugo vermischen und sofort servieren.

2 rote Äpfel

3 Zucchini

2 Tomaten

1/2 rote Paprikaschote

2 Zwiebeln

1 EL Öl

50 ml Gemüsebrühe

Salz, Pfeffer

400 g Penne

10 Blätter Basilikum

1 EL gehackte Petersilie

Lasagne al forno (Foto)

Für 4 Personen ■ Zubereitungszeit: ca. 40 Min. ■ Backzeit: 30–40 Min.
Pro Person: 472,8 kcal ■ 12 g Fett ■ 54 g KH ■ 22,8 % kcal aus Fett

je 1 Gemüsezwiebel, Möhre, Petersilienwurzel und Selleriestange

300 g Putenschnitzel

1 EL Öl

3 EL Tomatenmark

1 Dose geschälte Tomaten (240 g Abtropfgewicht)

1 TL getrockneter Thymian

100 ml Gemüsebrühe

60 ml Rotwein (z. B. Bardolino)

Salz, Pfeffer, Muskat

2 EL Halbfettmargarine

2 EL Mehl, 350 ml Milch

Öl für die Form

200 g Lasagneblätter (Fertigprodukt)

50 g geriebener Parmesan

1 Zwiebel, Möhre und Petersilienwurzel putzen bzw. schälen, waschen und in Würfel schneiden. Sellerie waschen und in feine Scheiben schneiden. Putenfleisch durch den Fleischwolf drehen oder fein hacken.

2 Das Öl erhitzen und das Fleisch darin unter Rühren anbraten. Gemüse dazugeben und 2 bis 3 Minuten mitbraten. Tomatenmark, Dosentomaten mit Saft und Thymian dazugeben, dabei die Tomaten zerkleinern. Brühe und Wein angießen, mit Salz, Pfeffer und 1 Prise Muskat würzen und zugedeckt 20 Minuten leicht kochen lassen.

3 Margarine in einem Topf schmelzen, Mehl dazugeben und 2 bis 3 Minuten unter Rühren anschwitzen. Nach und nach die Milch angießen, mit dem Schneebesen glatt rühren. Die Béchamelsauce aufkochen lassen, mit Salz, Pfeffer und Muskat würzen. Die Sauce ca. 5 Minuten leicht kochen lassen, dabei häufig umrühren.

4 Den Backofen auf 180 °C vorheizen. Eine Auflaufform (ca. 20 x 30 cm) mit Öl einfetten. Eine Schicht Lasagneblätter hineinlegen, darauf ein Drittel der Fleisch- und ein Viertel der Béchamelsauce verteilen. Den Vorgang zweimal wiederholen. Die letzte Nudelschicht mit Béchamelsauce und Parmesan bedecken. Im Ofen in 30 bis 40 Minuten goldbraun backen.

Nudelpizza

Für 4 Personen ■ Zubereitungszeit: ca. 25 Min. ■ Backzeit: ca. 25 Min.
Pro Person: 770 kcal ■ 20 g Fett ■ 100 g KH ■ 23,5 % kcal aus Fett

500 g Spaghetti, Salz, 3 Eier

Pfeffer, Paprikapulver

150 g Tomatenmark

1 Päck. italienische TK-Kräuter

250 g Cocktailtomaten

250 g Champignons

1 Bund Frühlingszwiebeln

200 g Zucchini

250 g Zottarella leicht

200 g gekochter Schinken

1 Die Nudeln nach Packungsanleitung in reichlich Salzwasser al dente kochen. Eier mit Salz, Pfeffer und Paprikapulver verquirlen und zu den abgetropften Nudeln geben

2 Ein Backblech mit hohem Rand mit Backpapier auslegen und die Spaghetti hineindrücken, mit dem Tomatenmark bestreichen, leicht pfeffern und mit der Hälfte der Kräuter bestreuen. Den Backofen auf 200 °C vorheizen.

3 Tomaten waschen, halbieren und den Stielansatz entfernen. Champignons putzen und in Scheiben schneiden. Frühlingszwiebeln putzen, waschen und in Ringe schneiden. Zucchini waschen, längs halbieren und in Scheiben schneiden. Käse in Scheiben, Schinken in Streifen schneiden.

4 Alles auf den Nudeln verteilen und etwas Salz und Pfeffer aus der Mühle darüber streuen. Die Nudelpizza im Backofen ca. 20 bis 25 Minuten backen.

Gefüllte Teigrollen

400 g + 2 EL Mehl

4 Eier

Salz

1 EL Olivenöl

500 g Hackfleisch (vom Kalb)

150 g Champignons

**150 g roher Schinken
(ohne Fettrand)**

2 EL Halbfettmargarine

1/4 l Milch

Pfeffer

1 Paket passierte Tomaten (500 ml)

Oregano und Thymian

1 Kugel Zottarella leicht

Für 4 Personen ■ Zubereitungszeit: ca. 50 Min. ■ Backzeit: ca. 15 Min.
Pro Person: 754 kcal ■ 19 g Fett ■ 78 g KH ■ 22,7 % kcal aus Fett

1 Für den Nudelteig 400 g Mehl, Eier und 1/2 Teelöffel Salz verkneten und den Teig 20 Minuten ruhen lassen.

2 Für die Füllung das Öl erhitzen und das Hackfleisch darin krümelig anbraten. Salzen, etwas heißes Wasser dazugießen und zugedeckt 15 Minuten schmoren lassen. Champignons putzen und fein hacken, Schinken in Würfel schneiden und beides zum Fleisch geben.

3 Die Margarine in einem Topf schmelzen lassen, 2 Esslöffel Mehl hinzufügen und unter Rühren andünsten. Mit Milch aufgießen, aufkochen, mit Salz und Pfeffer abschmecken und unter die Fleischmasse mischen.

4 Den Nudelteig mit etwas Mehl dünn ausrollen und in etwa 10 Zentimeter große Quadrate schneiden. Portionsweise in einem großen Topf in reichlich Salzwasser 7 Minuten kochen, abtropfen lassen.

5 Den Backofen auf 200 °C vorheizen. Die passierten Tomaten mit Salz, Pfeffer und Kräutern abschmecken, die Hälfte in eine feuerfeste Form gießen. Die Teigstücke mit Fleischfüllung bestreichen, aufrollen und in die Form legen. Die restliche Tomatensauce und Fleischmasse darüber verteilen. Den Käse in Scheiben darauf legen und die Teigrollen 15 Minuten überbacken.

TIPP: Schmeckt auch mit gehacktem Puten- oder Hähnchenfleisch. Und wenn es schnell gehen soll, einfach fertige Cannelloni verwenden.

Makkaroni-Auflauf mit Blattspinat

Für 4 Personen ▪ Zubereitungszeit: ca. 30 Min. ▪ Backzeit: ca. 45 Min.
Pro Person: 468 kcal ▪ 13 g Fett ▪ 55 g KH ▪ 25 % kcal aus Fett

1 Die Makkaroni nach Packungsanweisung in gesalzenem Wasser al dente kochen, abgießen und abtropfen lassen. Den aufgetauten Spinat mit Salz, Muskat und Pfeffer würzen, mit den Nudeln mischen.

2 Knoblauch und Zwiebeln abziehen, in Würfel schneiden und im heißen Öl andünsten. Hackfleisch hinzufügen und unter Rühren krümelig anbraten. Suppengrün dazugeben und ca. 3 Minuten mitdünsten. Die passierten Tomaten untermischen und die Sauce abschmecken.

3 Joghurt, Parmesan, Speisestärke und Eier verrühren und mit Salz, Pfeffer und Muskat kräftig abschmecken. Den Backofen auf 200 °C vorheizen.

4 Die Hälfte der Nudel-Spinat-Mischung in eine Auflaufform geben und die Hälfte der Hackfleischmasse darauf verteilen. Etwas Joghurt-Ei-Masse darübergießen, nacheinander restliche Nudeln, Hackfleisch und Eimasse darauf geben.

5 Mit dem geraspeltem Käse bestreuen und im Backofen ca. 45 Minuten überbacken.

250 g Makkaroni (Röhrennudeln)

Salz

450 g TK-Blattspinat

Muskat, Pfeffer

2 Knoblauchzehen

2 Zwiebeln, 1 EL Öl

200 g Hackfleisch (vom Rind)

1 Päck. TK-Suppengrün

4 EL passierte Tomaten

1 TL Zucker

300 g Joghurt

1 EL geriebener Parmesan

1 TL Speisestärke

3 Eier, 30 g geraspelter Käse

Tagliatelle-Spinat-Auflauf

Für 4 Personen ▪ Zubereitungszeit: ca. 25 Min. ▪ Backzeit: ca. 35 Min
Pro Person: 345 kcal ▪ 6,5 g Fett ▪ 51,8 g KH ▪ 17 % kcal aus Fett

1 Die Nudeln in reichlich Salzwasser nach Packungsanweisung al dente kochen, abgießen und abtropfen lassen.

2 Den angetauten Spinat grob hacken. Zwiebel und Knoblauchzehen abziehen und ebenso wie die Petersilie fein hacken.

3 Den Joghurt, das Ei, das Eiweiß und den Parmesan mit Muskat, Salz und Pfeffer glatt rühren. Den Spinat, die Zwiebel, den Knoblauch und die Petersilie unterrühren und abschmecken.

4 Den Backofen auf 200 °C vorheizen. Eine Auflaufform mit der Butter ausstreichen, abwechselnd die Nudeln und die Spinatmasse hineinfüllen. Mit dem Spinat abschließen und den Auflauf im Backofen ca. 35 Minuten backen.

250 g Tagliatelle

Salz

600 g TK-Blattspinat

1 kleine Zwiebel

2 Knoblauchzehen

1/2 Bund Petersilie

200 g Magerjoghurt

1 Ei

3 Eiweiß

30 g geriebener Parmesan

1 Prise Muskat

Pfeffer

1/2 TL Butter

Polenta und Gemüsegerichte

Gnocchi in Gemüsesauce (Foto)

1 Kohlrabi

500 g Möhren

200 g Zuckerschoten

1 Bund Frühlingszwiebeln

1 EL Sonnenblumenöl

3 EL flüssiger Würzfond Gemüse

150 g Buttermilch-Frischkäse

500 g Gnocchi (Fertigprodukt)

3 EL gehackte Petersilie

Für 4 Personen ■ Zubereitungszeit: ca. 25 Min.
Pro Person: 584,2 kcal ■ 7,3 g Fett ■ 100 g KH ■ 12 % kcal aus Fett

1 Das Gemüse putzen bzw. schälen und waschen. Die Kohlrabi und die Möhren in Stifte schneiden. Die Zuckerschoten halbieren, die Frühlingszwiebeln in Ringe schneiden.

2 Das Öl in einem Topf heiß werden lassen, das Gemüse dazugeben und ca. 4 Minuten dünsten. 200 Milliliter Wasser, den Würzfond und den Frischkäse dazugeben, unterrühren und 5 Minuten zugedeckt garen.

3 Die Gnocchi dazugeben, in der Gemüsesauce heiß werden lassen und mit Petersilie bestreut servieren.

Gnocchi mit Tomaten und Salbei

750 g mehlig kochende Kartoffeln

750 g Tomaten

1 Zwiebel

2 EL Butter

Salz

Pfeffer

175 g Mehl

12 Salbeiblätter

50 g geriebener Parmesan

Für 4 Personen ■ Zubereitungszeit: ca. 45 Min.
Pro Person: 397,8 kcal ■ 8,5 g Fett ■ 64,3 g KH ■ 19,2 % kcal aus Fett

1 Die Kartoffeln waschen und mit Schale ca. 25 Minuten weich kochen. Die Tomaten kreuzweise einschneiden, überbrühen, häuten, entkernen und in Würfel schneiden. Die Zwiebel abziehen und in Würfel schneiden.

2 In einem Topf 1 Teelöffel Butter erhitzen und die Zwiebelwürfel darin glasig dünsten. Die Tomatenwürfel hinzufügen, mit Salz und Pfeffer würzen und unter Rühren ca. 10 Minuten einkochen, abschmecken.

3 Die Kartoffeln pellen, heiß durch eine Kartoffelpresse drücken und salzen. Das Mehl nach und nach zu einem geschmeidigen Teig unterkneten. Den Teig in mehreren Portionen zu fingerdicken Rollen formen und in 2 bis 3 Zentimeter lange Stücke schneiden. Jedes Stück mit einer Gabel leicht flach drücken.

4 Die Gnocchi portionsweise in kochendem Salzwasser gar ziehen lassen, bis sie nach etwa 4 Minuten oben schwimmen.

5 Die restliche Butter erhitzen, den Salbei darin anbraten und die abgetropften Gnocchi darin schwenken. Mit Tomatensauce anrichten und Parmesan darüber streuen.

TIPP: Wenn es schnell gehen soll, die kochfertigen Gnocchi aus dem Kühlregal verwenden oder aus Knödelteig herstellen.

Risotto mit Rosmarin und Safran

Für 4 Personen ■ Zubereitungszeit: ca. 50 Min.
Pro Person: 278 kcal ■ 7,4 g Fett ■ 42,5 g KH ■ 24 % kcal aus Fett

1 Schalotte, 1 kleine Knoblauchzehe

1 EL kalt gepresstes Olivenöl

1 TL Butter

etwas frischer Rosmarin

200 g Risotto-Reis

Saft und einige sehr feine Streifen Schale einer unbehandelten Orange

1 Döschen gemahlener Safran

100 ml trockener Weißwein

3/4 l Gemüse- oder Geflügelfond (aus dem Glas)

50 g geriebener Parmesan

Salz, Pfeffer

frisch geriebene Muskatnuss

1 Schalotte und Knoblauch abziehen und sehr fein hacken. Öl und Butter in einem Topf erhitzen, den gehackten Rosmarin, die Schalotten- und Knoblauchwürfel hinzufügen und unter Rühren darin andünsten. Den Reis dazugeben und unter Wenden glasig dünsten.

2 Orangensaft, Safran und Wein dazugeben. Bei geringer Hitze unter Rühren leicht kochen lassen, bis die Flüssigkeit fast auf- gesogen ist. Nach und nach jeweils nur so viel Fond angießen, dass der Reis immer mit Flüssigkeit bedeckt ist. Das Risotto bei schwacher Hitze unter häufigem Rühren ca. 40 Minuten ausquellen lassen.

3 Den Parmesan unter das Risotto rühren und mit Salz, Pfeffer und einem Hauch Muskat abschmecken. Zum Servieren die Orangenschale und eventuell etwas Rosmarin darüber streuen.

Kräuterpolenta mit Tomaten

Für 4 Personen ■ Zubereitungszeit: ca. 20 Min. ■ Backzeit: ca. 20–25 Min.
Pro Person: 401 kcal ■ 13 g Fett ■ 53 g KH ■ 29 % kcal aus Fett

Für die Polenta

200 ml Milch, 1/2 TL Salz

frisch geriebene Muskatnuss

200 g Polenta (Maisgrieß)

6 große Blätter Salbei

70 g geriebener Parmesan

Für die Tomaten

1 kg Tomaten

1 Kugel Zottarella leicht

1/2 Bund Salbei, Pfeffer

1/2 TL Halbfettmargarine für die Form

40 g Paniermehl

1 Für die Polenta ca. 300 Milliliter Wasser, die Milch, das Salz und etwas Muskatnuss auf- kochen. Maisgrieß unter Rühren einstreu- en und bei kleiner Hitze etwa 10 Minuten quellen lassen, zwischendurch umrühren. Den Salbei hacken und zusammen mit dem Parmesan unter die Polenta rühren.

2 Den Polentabrei auf ein mit Backpapier ausgelegtes Backblech geben und 1/2 Zenti- meter dick zu einem Rechteck verstreichen. Abkühlen lassen und in etwa 5 Zentimeter große Dreiecke schneiden.

3 Für die Sauce die Tomaten enthäuten, ent- kernen und das Fruchtfleisch in grobe Würfel schneiden. Käse und Salbei bis auf 6 bis 8 kleine Blätter in Streifen schnei- den. Tomatenwürfel, Käse und Salbei mi- schen und mit Pfeffer und Salz würzen.

4 Den Backofen auf 200 °C vorheizen. Die Polenta-Ecken mit den Tomaten dachzie- gelartig in eine gefettete Auflaufform schichten. Das Paniermehl darüber streuen.

5 Im Backofen etwa 20 bis 25 Minuten ba- cken. Die restlichen Salbeiblätter 5 Minuten vor Ende der Backzeit über das Gericht streuen und mitbacken.

Käse-Gnocchi mit Tomatensauce

Für 4 Personen ▪ Zubereitungszeit: ca. 40 Min.
Pro Person: 446 kcal ▪ 10 g Fett ▪ 65 g KH ▪ 20 % kcal aus Fett

1 Das Knödelpulver mit dem Schneebesen in $^3/_4$ Liter kaltes Wasser einrühren und 10 Minuten quellen lassen. Edamer in $^1/_2$ Zentimeter große Würfel schneiden. Zusammen mit der Petersilie unter den Teig mischen und aus der Masse mit zwei Teelöffeln Gnocchi abstechen.

2 In einem großen Topf Salzwasser zum Kochen bringen, die Gnocchi hineingeben und kurz aufkochen. Im offenen Topf bei geringer Wärmezufuhr ca. 5 Minuten gar ziehen lassen, bis die Gnocchi oben schwimmen.

3 Champignons putzen und in Scheiben schneiden. Tomate kreuzweise einschneiden, überbrühen, häuten, entkernen und in kleine Würfel schneiden.

4 In einem Topf die Butter heiß werden lassen und die Champignons darin andünsten. $^1/_4$ Liter Wasser dazugießen und das Tomatensaucenpulver mit dem Schneebesen einrühren. Die Tomatenstückchen hinzufügen und 1 Minute kochen lassen.

5 Den Schinken in Streifen schneiden und in der Sauce kurz heiß werden lassen. Die Sauce mit den Käse-Gnocchi servieren.

1 Packung Knödel »halb und halb« (für 12 Stück)

150 g Edamer (30 % F.)

2 EL gehackte Petersilie

Salz

4 Champignons

1 kleine Tomate

1 EL Butter

1 Päck. Tomatensaucenpulver (für $^1/_4$ l Sauce)

100 g gekochter Schinken (ohne Fettrand)

Lachsfilet mit Blattspinat und Gnocchi

Für 4 Personen ▪ Zubereitungszeit: ca. 30 Min.
Pro Person: 780 kcal ▪ 25 g Fett ▪ 95 g KH ▪ 29 % kcal aus Fett

1 Die Lachsfilets mit dem Zitronensaft beträufeln, mit Salz und Pfeffer würzen. Den Fisch in einer Pfanne auf Bratfolie von jeder Seite ca. 7 bis 8 Minuten braten.

2 Zwiebeln und Knoblauchzehen abziehen, in Würfel schneiden und mit etwas Wasser in einem Topf dünsten. Den aufgetauten Spinat und die Sahne hinzufügen und kurz aufkochen.

3 Die Tomaten kreuzweise einschneiden, überbrühen, häuten, entkernen und in Würfel schneiden, unter den Spinat heben und mitdünsten. Mit Salz, Pfeffer und Muskat abschmecken. Den Mozzarella in Würfel schneiden und unterheben.

4 Die Gnocchi nach Packungsanweisung kochen und mit dem Spinat und den Lachsfilets servieren.

4 Lachsfilets (à 125 g)

1 EL Zitronensaft

Salz, Pfeffer

2 Zwiebeln, 2 Knoblauchzehen

400 g TK-Blattspinat

150 ml Kaffeesahne

2 Tomaten

Muskatnuss

100 g Mozzarella

500 g Gnocchi (Fertigprodukt)

Garnelen auf Spinat überbacken (Foto)

Für 4 Personen ▪ Zubereitungszeit: 30 Min. ▪ Marinierzeit: 30 Min.
Pro Person: 213 kcal ▪ 6 g Fett ▪ 2 g KH ▪ 25 % kcal aus Fett

500 g Garnelen (geputzt und aus der Schale gelöst)

2 Schalotten

1 Knoblauchzehe

Saft von 1 Zitrone

50 ml Weißwein

je 1 TL Ketchup und Senf

Salz

Pfeffer

450 g TK-Blattspinat

1 Tomate

60 g geriebener Parmesan

1 Die Garnelen waschen und trockentupfen. Schalotten und Knoblauch abziehen und in feine Würfel schneiden, mit dem Zitronensaft, dem Wein, dem Ketchup und dem Senf verrühren und mit Salz und Pfeffer abschmecken. Die Garnelen 30 Minuten in diese Marinade einlegen.

2 Den Backofen auf 180 °C vorheizen. Den Spinat auftauen und in eine Auflaufform geben. Die Garnelen mit der Marinade darüber verteilen. Die Tomate waschen, vierteln, entkernen und in feine Würfel schneiden. Parmesan und Tomatenwürfel über die Garnelen geben und im Backofen ca. 25 Minuten überbacken.

Tomaten-Zucchini-Gratin

Für 4 Personen ▪ Zubereitungszeit: ca. 30 Min.
Pro Person: 136 kcal ▪ 4,5 g Fett ▪ 16 g KH ▪ 29,5 % kcal aus Fett

je 500 g Tomaten und Zucchini

1 Paprikaschote

Salz

Pfeffer

2 Zwiebeln

2 Knoblauchzehen

1 Bund Basilikum

4 EL Paniermehl

1 EL Olivenöl

2 EL Gemüsebrühe

20 g geraspelter Käse (30 % F.)

1 Das Gemüse putzen und waschen. Die Tomaten in Scheiben schneiden, die Zucchini und Paprika fein hobeln.

2 Das Gemüse streifenweise nebeneinander auf ein mit Backpapier ausgelegtes Backblech legen und mit Salz und Pfeffer würzen. Den Backofen auf 200 °C vorheizen.

3 Die Zwiebeln und den Knoblauch abziehen und in Würfel schneiden. Das Basilikum fein schneiden und mit Paniermehl, Öl, Gemüsebrühe, Zwiebeln und Knoblauch mischen und auf dem Gemüse verteilen.

4 Mit geraspeltem Käse bestreuen und im Backofen ca. 15 Minuten überbacken.

Gemüse-Polenta

Für 4 Personen ▪ Zubereitungszeit: ca. 1 Std. 20 Min.
Pro Person: 346 kcal ▪ 11,5 g Fett ▪ 61 g KH ▪ 29,9 % kcal aus Fett

250 g TK-Blattspinat

2 Möhren

1 Selleriestange

2 Zwiebeln

2 Knoblauchzehen

je 1 Bund Petersilie und Basilikum

1 Zweig frischer Rosmarin

1 EL Olivenöl

300 g Polenta (Maisgrieß)

Salz

Pfeffer

30 g Parmesan am Stück

1 Spinat auftauen lassen und grob hacken. Möhren waschen, schälen und in 1 Zentimeter große Würfel schneiden. Staudensellerie waschen, putzen und in 1 Zentimeter dicke Scheiben schneiden. Zwiebeln und den Knoblauch abziehen und in Würfel schneiden. Petersilie und Basilikum waschen, trockentupfen, die Blätter abzupfen und hacken. Rosmarin waschen, die Nadeln vom Stängel streifen und grob hacken.

2 Das Olivenöl in einem großen Topf erhitzen, die Zwiebelwürfel hellgelb andünsten, Knoblauch dazugeben und mitdünsten. Kräuter und Gemüse hinzufügen und alles unter Rühren 4 bis 5 Minuten anschmoren lassen.

3 Gut 1 Liter kochendes Wasser angießen und den Maisgrieß langsam unter Rühren einrieseln lassen. Mit Salz und Pfeffer würzen. Mit halb geöffnetem Deckel bei schwacher Hitze ca. 20 Minuten ausquellen lassen, dabei ab und zu umrühren. Es soll ein fester Brei werden, nur bei Bedarf wenig Wasser nachfüllen.

4 Eine Kastenform mit Backpapier auskleiden. Die Polenta-Masse einfüllen, die Oberfläche glatt streichen und zum Warmhalten mit Alufolie abdecken. Die Polenta ca. 20 Minuten stehen lassen, dann auf eine Platte stürzen und in 2 Zentimeter dicke Scheiben schneiden. Den Parmesan frisch darüber reiben und servieren.

Gemüseauflauf

Für 4 Personen ▪ Zubereitungszeit: ca. 1 Std.
Pro Person: 293,2 kcal ▪ 15 g Fett ▪ 88,5 g KH ▪ 22,5 % kcal aus Fett

300 g Broccoli

300 g Möhren

250 g Lauch

3 Brötchen

40 g Halbfettmargarine

1 Eigelb, Salz

3 EL gehackte Kräuter (z. B. Thymian, Oregano und Rosmarin)

3 Eiweiß, 2 EL Semmelbrösel

40 g geriebener Provolone

1 Das Gemüse putzen, waschen, evtl. schälen und klein schneiden. Die Brötchen in Wasser einweichen.

2 Die Margarine schaumig rühren, etwas zum Einfetten der Auflaufform übrig lassen. Das Eigelb dazugeben und unterrühren. Die gut ausgedrückten, fein zerpflückten Brötchen, das Salz und die Kräuter untermengen. Das Eiweiß steif schlagen und unterheben.

3 Den Backofen auf 200 °C vorheizen. Die Auflaufform mit der restlichen Margarine einfetten, die Gemüsemasse einfüllen, mit den Semmelbröseln und dem Käse bestreuen. Den Auflauf im Backofen ca. 45 Minuten backen.

Bohnen-Paprika-Gemüse

Für 4 Personen ■ Zubereitungszeit: ca. 20 Min.
Pro Person: 281 kcal ■ 4,5 g Fett ■ 38 g KH ■ 17 % kcal aus Fett

1 Die Zwiebel abziehen, halbieren und in Ringe schneiden. Die Knoblauchzehe abziehen und in dünne Scheiben schneiden. Die Paprikaschoten waschen, Kerne und weiße Innenhäute entfernen und in Streifen schneiden.

2 In einem Topf das Öl heiß werden lassen, Zwiebel und Knoblauch darin andünsten. Paprikastreifen und Paprikapulver hinzufügen und ca. 5 Minuten mitdünsten. Gut 1/8 Liter Wasser hinzufügen, aufkochen und das Tomatenmark und die Gemüsebrühe darin auflösen.

3 Die Bohnen abtropfen lassen, zum Paprikagemüse geben, darin heiß werden lassen, würzen und mit Salz und Pfeffer abschmecken. Zum Schluss mit gehackter Petersilie bestreuen.

1 Zwiebel

1 Knoblauchzehe

je 1 gelbe und rote Paprikaschote

1 EL Olivenöl

1 EL Paprikapulver, edelsüß

1 EL Tomatenmark

2 TL Gemüsebrühe-Pulver

1 Dose weiße Bohnen (400 ml)

Salz, Pfeffer

1 EL glatte Petersilie

Fencheleintopf mit Parmesankartoffeln

Für 4 Personen ■ Zubereitungszeit: ca. 40 Min.
Pro Person: 237,8 kcal ■ 2,7 g Fett ■ 37,8g KH ■ 10,2 % kcal aus Fett

1 Den Backofen auf 230 °C vorheizen. Die Kartoffeln waschen, schälen, längs halbieren und mit der Schnittfläche nach unten auf ein mit Backpapier ausgelegtes Backblech legen. Etwas Salz darüber streuen und im Backofen etwa 20 Minuten garen.

2 Zwiebeln abziehen, Möhren waschen, schälen und beides in feine Scheiben schneiden. Fenchel putzen, waschen und klein schneiden, das Fenchelgrün aufheben. Fenchel, Zwiebeln, Möhren, die beiden Säfte und die Brühe aufkochen und 15 Minuten bei kleiner Hitze leicht kochen.

3 Quark, Parmesan, 1 Esslöffel Senf und das Eigelb verrühren. Mit Salz und Pfeffer abschmecken, auf die Schnittflächen der Kartoffeln streichen. Die Kartoffeln mit der Schnittfläche nach oben auf das Backblech setzen und im Backofen bei 250 °C auf der oberen Schiene 5 Minuten überbacken, warm halten.

4 Die Püreeflocken in den Fencheleintopf rühren und mit Salz, Pfeffer und Senf abschmecken. Eintopf und Kartoffeln in Teller verteilen und mit dem gehackten Fenchelgrün bestreuen.

6 mittelgroße Kartoffeln (ca. 500 g)

Salz

3 weiße Zwiebeln

200 g Möhren

600 g Fenchelknollen

200 ml Möhrensaft

50 ml Apfelsaft

1 l Hühner- oder Gemüsebrühe

2–3 EL Magerquark

3 EL geriebener Parmesan

2–3 EL körniger Senf

1 Eigelb, Pfeffer

3–4 EL Kartoffelpüreeflocken

Gefüllte Paprika (Foto)

175 g Vollkornreis

Salz

75 g Zottarella leicht

4 Tomaten

1 Zwiebel

25 g Korinthen

30 g Pinienkerne

2 EL gehackte Petersilie

Pfeffer

1 Prise Zimt

4 rote oder grüne Paprikaschoten

250 ml Tomatensaft

Für 4 Personen ■ Zubereitungszeit: ca. 1 Std. 10 Min.
Pro Person: 320,5 kcal ■ 8,7 g Fett ■ 45,3 g KH ■ 24,4 % kcal aus Fett

1 Den Reis nach Packungsanleitung in Salzwasser kochen.

2 Den Käse in sehr kleine Stücke schneiden. Die Tomaten waschen, vierteln und in Würfel schneiden. Die Zwiebel abziehen, fein hacken und mit den Tomatenwürfeln, etwa 50 Gramm Käse, den Korinthen, den Pinienkernen und der Petersilie unter den Reis mischen. Mit Salz, Pfeffer und Zimt abschmecken.

3 Den Backofen auf 200 °C vorheizen. Die Paprikaschoten waschen, halbieren, die Kerne entfernen, mit der Reismischung füllen und mit dem restlichen Käse bestreuen.

4 Die Paprikahälften in eine feuerfeste Form setzen, den Tomatensaft herumgießen und mit Alufolie abdecken. Die gefüllten Paprika im Backofen ca. 40 Minuten backen.

Champignongemüse mit Reis

200 g Rundkornreis

2 Gemüsebrühwürfel

1 Zwiebel

1 Knoblauchzehe

500 g frische Champignons

1 Bund Frühlingszwiebeln

20 g Halbfettmargarine

500 g passierte Tomaten

Salz, Pfeffer

1 Msp. Chilipulver

1 Bund Petersilie

1 Bund Schnittlauch

Für 4 Personen ■ Zubereitungszeit: ca. 30 Min.
Pro Person: 259 kcal ■ 3 g Fett ■ 46 g KH ■ 10,5 % kcal aus Fett

1 Den Reis nach Packungsanweisung mit 1 Würfel Gemüsebrühe kochen.

2 Zwiebel und Knoblauch abziehen und fein hacken. Champignons putzen und in Scheiben schneiden, Frühlingszwiebeln putzen, waschen und in dünne Ringe schneiden.

3 Zwiebeln in einer beschichteten Pfanne in der Margarine andünsten. Champignons, Knoblauch und Frühlingszwiebeln hinzu-

fügen und 5 Minuten mitdünsten. Mit 1/4 Liter Wasser ablöschen, den zweiten Brühwürfel hinzufügen und auflösen. Die passierten Tomaten dazugeben, aufkochen lassen, die Sauce mit Salz, Pfeffer und Chili würzen.

4 Die Petersilie hacken, den Schnittlauch in Röllchen schneiden, über die Champignonsauce streuen und mit dem Reis servieren.

Fleisch- und Fischgerichte

Hähnchen mit gebackenen Kartoffeln (Foto)

1 EL Aceto Balsamico

3 EL Rosmarin, Pfeffer

abgeriebene Schale von
2 unbehandelten Zitronen

3 EL Olivenöl, Salz

4 Hähnchenbrustfilets (à 150 g)

Für die Kartoffeln

1500 g kleine Kartoffeln

1 EL Olivenöl, 3 EL Rosmarin

1 EL grobes Meersalz

Für die Sauce

500 g Quark, 2 EL Mineralwasser

Pfeffer, Salz

1 Päck. italienische TK-Kräuter

1 zerdrückte Knoblauchzehe

Für 4 Personen ▪ Zubereitungszeit: ca. 1 Std. 30 Min. ▪ Marinierzeit: mind. 6 Std.
Pro Person: 607 kcal ▪ 13 g Fett ▪ 55,5 g KH ▪ 19 % kcal aus Fett

1 Den Essig, Rosmarin, Pfeffer, die Zitronenschale und 2 Esslöffel Öl verrühren. Mit dem Fleisch in eine Schale geben und zugedeckt 6 Stunden marinieren.

2 Den Backofen auf 200 °C vorheizen. Die Kartoffeln bürsten, waschen, halbieren und evtl. vierteln. Eine Fettpfanne mit Olivenöl einfetten und die Kartoffeln mit der Schnittfläche nach unten hineinlegen. Im Backofen ca. 30 Minuten backen, umdrehen, mit den gehackten Rosmarinnadeln und dem Meersalz bestreuen und noch etwa 30 Minuten weiterbacken, bis die Kartoffeln gar sind.

3 Inzwischen das Hähnchenfleisch aus der Marinade nehmen, trockentupfen und salzen. Das restliche Öl in einer Pfanne heiß werden lassen und das Fleisch darin von allen Seiten in ca. 10 Minuten braun braten. Den Bratensatz mit der Marinade ablöschen.

4 Für die Sauce den Quark mit Mineralwasser cremig aufschlagen, mit Pfeffer und Salz würzen, die Kräuter und die Knoblauchzehe untermengen. Das Hähnchenbrustfilet mit den gebackenen Kartoffeln und einem Klecks Kräutersauce servieren.

Hähnchen mit buntem Ofengemüse

500 g fest kochende Kartoffeln

1 Zucchini, 2 Tomaten

150 g Mais (Dose)

2 EL flüssiger Würzfond Geflügel

½ TL Rosmarin, ½ TL Thymian

4 Hähnchenbrustfilets mit Haut

1 EL Olivenöl

Salz, Pfeffer

Für 4 Personen ▪ Zubereitungszeit: ca. 20 Min. ▪ Backzeit: 50 Min.
Pro Person: 387 kcal ▪ 12,5 g Fett ▪ 29 g KH ▪ 29 % kcal aus Fett

1 Die Kartoffeln schälen, waschen, in kleine Würfel schneiden und in eine Auflaufform geben. Zucchini putzen, waschen und in Scheiben schneiden. Tomaten waschen, den Stielansatz entfernen und in Würfel schneiden. Mais abtropfen lassen und mit den Zucchinischeiben und den Tomatenwürfeln zu den Kartoffeln geben.

2 Den Backofen auf 200 °C vorheizen. In einem Topf 100 Milliliter Wasser aufkochen lassen, den Würzfond, Rosmarin und Thymian hinzufügen. Die Bouillon über das Gemüse geben.

3 Die Hähnchenfilets mit Öl bestreichen, salzen und pfeffern und auf das Gemüse legen. Im Backofen ca. 50 Minuten garen.

Hähnchenfilet im mediterranen Schinkenkleid (Foto)

Für 4 Personen ■ Zubereitungszeit: ca. 30 Min. ■ Marinierzeit: ca. 1 Std.
Pro Person: 251 kcal ■ 5,75 g Fett ■ 8 g KH ■ 20,5 % kcal aus Fett

1 unbehandelte Zitrone

1 EL Olivenöl

4 Hähnchenbrustfilets (à 125 g)

400 g Möhren

1 EL Halbfettmargarine

100 g TK-Zuckerschoten

8 Salbeiblätter

4 Scheiben Parmaschinken
(ohne Fettrand)

1 Die Zitrone heiß abwaschen, die Zitronenschale abreiben, eine Zitronenhälfte auspressen. Die Schale und 1 Teelöffel Saft mit 1 Teelöffel Öl verrühren, die Hähnchenbrustfilets damit bestreichen und ca. 1 Stunde marinieren.

2 Die Möhren putzen, waschen, schälen und der Länge nach in dünne Stifte schneiden. Die Margarine zerlassen und die Möhrenstifte darin ca. 12 Minuten dünsten. Nach 6 Minuten die Schoten hinzufügen und mitgaren.

3 Die Hähnchenbrustfilets aus der Marinade nehmen, trockentupfen, mit je 2 Salbeiblättern belegen und jeweils mit einer Schinkenscheibe umwickeln. Das Fleisch in einer beschichteten Pfanne mit dem restlichen Öl bei mittlerer Hitze von jeder Seite 4 bis 5 Minuten goldbraun braten. Zusammen mit dem Gemüse anrichten.

Entenbrust mit Orangen-Tagliatelle

Für 4 Personen ■ Zubereitungszeit: ca. 45 Min.
Pro Person: 608 kcal ■ 103 g Fett ■ 84,5 g KH ■ 15,2 % kcal aus Fett

400 g Tagliatelle

Salz

2 Entenbrüste (à ca. 350 g)

Pfeffer

300 g Zwiebeln

1 unbehandelte Orange

1 TL Olivenöl

2 EL Grappa

2 EL Entenfond

1 EL Butter

1 Die Tagliatelle nach Packungsanweisung in reichlich Salzwasser al dente kochen.

2 Von den Entenbrüsten Haut und Fett entfernen, mit Salz und Pfeffer würzen.

3 Zwiebeln abziehen und vierteln. Orange heiß abwaschen und die Schale ganz dünn abschälen. Die eine Hälfte der Schale in sehr dünne Streifen schneiden, die andere Hälfte zur Seite legen. Die Orange auspressen.

4 In einer Pfanne das Öl heiß werden lassen und die Entenbrüste von beiden Seiten darin anbraten. Herausnehmen und die Zwiebeln im Bratfett 3 Minuten anbraten.

5 Den Grappa und 300 Milliliter Wasser dazugießen. Den Fond einrühren, die groben Orangenschalen und Entenbrüste dazugeben und ca. 30 Minuten garen, einmal wenden. Orangenschalen herausnehmen.

6 In einer Pfanne die Butter zergehen lassen und die Orangenschalenstreifen 2 Minuten darin dünsten. Den Orangensaft dazugießen und ca. 5 Minuten ohne Deckel leicht kochen.

7 Die abgetropften Nudeln unter den Orangenfond mischen. Die Entenbrüste in Scheiben schneiden und mit der Sauce und der Pasta servieren.

Minutensteakröllchen mit Spinatfüllung

8 Minutensteaks (à 100 g)

Salz

Pfeffer

1 Zwiebel

1 Knoblauchzehe

1 TL Olivenöl

500 g TK-Blattspinat

Muskat

2 EL Schmand

40 g geriebener Parmesan

Für 4 Personen ▪ Zubereitungszeit: ca. 40 Min.
Pro Person: 295,5 kcal ▪ 9,5 g Fett ▪ 2 g KH ▪ 28,9 % kcal aus Fett

1 Die Minutensteaks mit Salz und Pfeffer würzen. Die Zwiebel und die Knoblauchzehe abziehen und in kleine Würfel schneiden.

2 In einer beschichteten Pfanne das Öl heiß werden lassen, die Zwiebel- und Knoblauchwürfel darin glasig andünsten. Den aufgetauten Spinat hinzufügen, mit Salz, Pfeffer und Muskat würzen und den Schmand unterrühren.

3 Den Backofen auf 200 °C vorheizen. Einen Teil des Spinats auf den Steaks verteilen, einrollen und mit Holzspießen feststecken. Die Rouladen in eine feuerfeste Form legen, den restlichen Spinat dazugeben und mit dem Parmesan bestreuen. Im Backofen ca. 20 Minuten backen.

Geschmortes Kaninchen

1 Kaninchen (1,5 kg; küchenfertig zerlegt)

400 ml Weißwein (z. B. Pinot Grigio)

2 EL Aceto balsamico

2 EL Marsala

2 TL Oregano

4 Lorbeerblätter

500 g kleine Zwiebeln

2 Chilischoten

4 Knoblauchzehen

Salz

Pfeffer

1 EL Öl

4 TL Paprikapulver

1/4 l Fleischbrühe

Für 4 Personen ▪ Zubereitungszeit: ca. 1 Std. ▪ Marinierzeit: ca. 8 Std.
Pro Person: 384,25 kcal ▪ 10 g Fett ▪ 2 g KH ▪ 23,4 % kcal aus Fett

1 Das Kaninchen von allem sichtbaren Fett befreien, waschen und trockentupfen. Wein, Essig, Marsala, Oregano und Lorbeerblätter in eine Schüssel geben und verrühren. Die Kaninchenteile hineingeben und zugedeckt über Nacht marinieren.

2 Die Zwiebeln abziehen, die Chilischoten hacken, Knoblauch abziehen und in Scheiben schneiden. Das Fleisch aus der Marinade nehmen, trockentupfen, mit Salz und Pfeffer würzen.

3 Das Öl in einer beschichteten Pfanne erhitzen und die Kaninchenteile von allen Seiten anbraten. Die Zwiebeln dazugeben und mitbraten. Chili, Knoblauch und Paprikapulver hinzufügen und andünsten. Mit der Brühe ablöschen, die Marinade hinzufügen und das Kaninchen ca. 45 Minuten schmoren.

Schmortomaten mit Lammfilet

Für 4 Personen ■ Zubereitungszeit: ca. 35 Min.
Pro Person: 291 kcal ■ 8,8 g Fett ■ 10 g KH ■ 27,5 % kcal aus Fett

1 Zwiebeln und Knoblauch abziehen und in feine Scheiben schneiden. Paprika und Chili putzen, waschen und in feine Streifen schneiden. Tomaten halbieren, die Rosmarinnadeln fein hacken.

2 Das Öl in einem ofenfesten Bräter erhitzen und die Lammfilets darin von jeder Seite 2 Minuten scharf anbraten. Herausnehmen und mit Salz und Pfeffer würzen. Den Backofen auf 200 °C vorheizen.

3 Zwiebeln, Paprika und Chili mit dem Rosmarin im restlichen Bratfett kurz glasig dünsten, mit Salz und Pfeffer würzen und mit Weißwein ablöschen.

4 Die Tomaten mit Salz und Pfeffer würzen und mit den Lammfilets zum Gemüse in den Bräter geben. Im Backofen auf der zweiten Schiene von unten 10 bis 12 Minuten garen. Die Petersilie grob hacken und über die Schmortomaten mit Lammfilet streuen.

TIPP: Dazu passt Ciabatta-Brot.

200 g kleine weiße Zwiebeln

1 Knoblauchzehe

300 g grüne Paprikaschoten

1 rote Chilischote

4 Fleischtomaten

4 EL Rosmarinnadeln

1 EL Öl

4 Lammrückenfilets (à 150 g)

Salz

Pfeffer

200 ml trockener Weißwein
(z. B. Pinot Grigio)

1 Bund Petersilie

Lammfilet auf Spinat

Für 4 Personen ■ Zubereitungszeit: ca. 25 Min.
Pro Person: 275 kcal ■ 9 g Fett ■ 10 g KH ■ 29 % kcal aus Fett

1 Das Lammfilet kalt abspülen, trockentupfen und pfeffern. Die Rosmarinnadeln vom Stiel abzupfen und fein hacken. Den Knoblauch abziehen und in Würfel schneiden. Das Fleisch in dem Mehl wenden.

2 Das Öl in einer beschichteten Pfanne erhitzen, das Lammfilet von allen Seiten anbraten und salzen. Rosmarin und Knoblauch dazugeben und das Fleisch einige Minuten bei geringer Hitze weiterbraten. Das Filet herausnehmen und in Alufolie einwickeln.

3 Den aufgetauten Spinat in die Pfanne geben, zugedeckt einige Minuten dünsten. Mit Salz, Pfeffer und Muskat würzen, abschmecken und mit dem Lammfilet servieren.

600 g Lammfilet

Pfeffer

1 Zweig frischer Rosmarin

2 Knoblauchzehen

3 EL Mehl

1 EL Olivenöl

400 g TK-Blattspinat

Salz

Muskat

Schweineragout in Tomaten-Oliven-Sauce (Foto)

750 g mageres Schweinefleisch

150 g Zwiebeln

500 g Fleischtomaten

50 g schwarze Oliven

2 EL Öl

1 Paket stückige Tomaten (500 g)

1/8 l Fleischbrühe

1/8 l trockener Rotwein
(z. B. Chianti classico)

Salz

Pfeffer

je 1 TL Majoran und Thymian

Für 4 Personen ▪ Zubereitungszeit: ca. 20 Min. ▪ Backzeit: ca. 1 Std.
Pro Person: 336 kcal ▪ 11 g Fett ▪ 10 g KH ▪ 29,5 % kcal aus Fett

1 Das Schweinefleisch in mundgerechte Stücke schneiden. Die Zwiebeln abziehen, die Fleischtomaten waschen und in Würfel schneiden. Die Oliven halbieren oder vierteln. Den Backofen auf 200 °C vorheizen.
2 Das Öl in einem ofenfesten Bräter erhitzen, das Fleisch darin von allen Seiten scharf anbraten. Die Zwiebeln hinzufügen und kurz mitbraten. Die stückigen Tomaten, die Brühe und den Rotwein dazugeben, mit Salz und Pfeffer würzen.
3 Das Ragout im Backofen etwa 30 Minuten mit geschlossenem Deckel schmoren. Dann Tomatenwürfel, Oliven und Kräuter hinzufügen und ohne Deckel nochmal ca. 30 Minuten weitergaren.
4 Vor dem Servieren würzen und mit Salz und Pfeffer abschmecken.

Gefülltes Schweinefilet in Salbeisauce

400 g Tagliatelle

Salz

1 Schweinefilet (600 g)

Pfeffer

10 frische oder 1 TL getrocknete
Salbeiblätter

75 g Fontina- oder ersatzweise
Gouda-Käse

75 g gekochter Schinken
(ohne Fettrand)

1 EL Öl

1/4 l Brühe

200 ml Kaffeesahne

evtl. etwas Saucenbinder

Paprikapulver

Für 4 Personen ▪ Zubereitungszeit: ca. 30 Min.
Pro Person: 679 kcal ▪ 12 g Fett ▪ 82 g KH ▪ 16 % kcal aus Fett

1 Die Nudeln nach Packungsanweisung in reichlich Salzwasser al dente kochen.
2 In das Schweinefilet der Länge nach eine Tasche schneiden, innen und außen kräftig pfeffern und mit einigen Salbeiblättern auslegen. Den Käse und den Schinken in Würfel schneiden, mischen und das Fleisch damit füllen.
3 Das Filet mit Rouladennadeln zusammenstecken und im heißen Öl von allen Seiten anbraten. Mit der Brühe ablöschen. Bei geringer Hitze ca. 20 Minuten schmoren. Das Filet herausnehmen, die Nadeln entfernen und mit Alufolie abdecken, um es warm zu halten.
4 Die Sauce mit der Sahne verrühren, evtl. mit etwas Saucenbinder andicken. Mit Pfeffer, Paprika, Salz und dem restlichen, zerriebenen Salbei abschmecken und mit den Tagliatelle servieren.

TIPP: Dazu schmeckt Tomatensalat mit Basilikum.

Rindfleisch mit Paprika und Bohnen

750 g Rindfleisch aus
der Oberschale

300 g Zwiebeln, 2 EL Öl

Salz, Pfeffer

Paprikapulver

1 Brühwürfel für
Rindfleischbouillon

750 g Stangenbohnen

3 grüne Paprikaschoten

3 Tomaten

500 g Kartoffeln

Für 4 Personen ■ Zubereitungszeit: ca. 1 Std. 50 Min.
Pro Person: 457 kcal ■ 12 g Fett ■ 35 g KH ■ 24 % kcal aus Fett

1 Das Rindfleisch in Würfel schneiden. Die Zwiebeln abziehen, in Würfel schneiden und mit den Rindfleischwürfeln im heißen Öl scharf anbraten. Mit Salz, Pfeffer und Paprika würzen, mit $1/2$ Liter Wasser ablöschen und den Brühwürfel darin auflösen. Etwa 1 Stunde auf kleiner Flamme leicht kochen lassen, bis das Fleisch fast gar ist.

2 Das Gemüse putzen und waschen. Die Bohnen einmal durchbrechen, die Paprikaschoten vierteln, entkernen und klein schneiden, Tomaten in Stücke schneiden, die Kartoffeln schälen und in Würfel schneiden. Das Gemüse zum Gulasch geben und noch 20 Minuten leicht kochen lassen, bis die Kartoffeln gar sind.

Venezianischer Rinderschmorbraten

2 Knoblauchzehen

1 Zimtstange

600 g mageres Rindfleisch
(z. B. falsches Filet)

2 Nelken

$3/4$ l Rotweinessig

1 Zwiebel

1 EL Olivenöl

1 TL Butter

Salz

125 ml trockener Weißwein
(z. B. Pinot Grigio)

60 ml Marsala

Für 4 Personen ■ Zubereitungszeit: ca. 2 Std. 30 Min. ■ Marinierzeit: ca. 10 Std.
Pro Person: 225,5 kcal ■ 6,5 g Fett ■ 1 g KH ■ 25,9 % kcal aus Fett

1 Die Knoblauchzehen abziehen und in Streifen schneiden, die Zimtstange in mehrere Stücke zerteilen. Das Rindfleisch kalt abwaschen, trockentupfen, rundherum mit einem spitzen Messer an mehreren Stellen einschneiden und mit Knoblauch, Nelken und Zimt spicken.

2 Das gespickte Fleisch in eine Schüssel geben, den Essig und $1/4$ Liter Wasser dazugießen, sodass es bedeckt ist. Abdecken und etwa 10 Stunden im Kühlschrank marinieren.

3 Die Zwiebel abziehen, in feine Streifen schneiden. Öl und Butter in einem Topf erhitzen, die Zwiebel hinzufügen und hell andünsten.

4 Das Fleisch abtropfen lassen, trockentupfen, in den Topf geben und rundherum anbraten, dann salzen. Mit dem Weißwein und dem Marsala ablöschen. Den Rinderschmorbraten zugedeckt etwa 2 Stunden schmoren lassen.

Vitello tonnato

Für 4 Personen ▪ Zubereitungszeit: ca. 1 Std. 40 Min. ▪ plus Abkühlzeit
Pro Person: 361,3 kcal ▪ 8 g Fett ▪ 6 g KH ▪ 19,9 % kcal aus Fett

1 Das Kalbfleisch kalt abspülen, mit Lorbeer, Pfefferkörnern, Fond und Wein in einen Topf geben. Gemüse und Petersilie putzen, waschen und grob zerkleinert dazugeben. Evtl. mit Wasser auffüllen, sodass das Fleisch bedeckt ist. Etwa 1 Stunde und 10 bis 20 Minuten leicht kochen, bis die Kalbsnuss weich ist, dann im Sud erkalten lassen.

2 Für die Sauce den Thunfisch zerpflücken, die Anchovisfilets klein schneiden und mit Eigelb, Zitronensaft und Olivenöl in den Mixer geben. 5 bis 6 Esslöffel Kochsud vom Fleisch hinzufügen und zu einer sämigen Sauce schlagen. Die Kapern dazugeben, mit Salz und Pfeffer abschmecken.

3 Die Zitrone heiß abspülen und in feine Scheiben schneiden. Die Kalbsnuss in sehr dünne Scheiben schneiden, die Sauce über das Fleisch gießen und mit den Zitronenscheiben garnieren.

TIPP: Schmeckt auch mit Puten- oder Hühnerbrust ausgezeichnet.

600 g Kalbsnuss

1 Lorbeerblatt

1/2 TL Pfefferkörner

1/2 l Kalbs- oder Rinderfond

1/2 l Weißwein (z.B. Gavi oder Pinot Grigio)

1 Möhre, 1 Selleriestange

1/2 Bund glatte Petersilie

1 Dose Thunfisch (im eigenen Saft)

2–3 Anchovisfilets

1 ganz frisches Eigelb

2 EL Zitronensaft, 2 EL Olivenöl

2 EL Kapern, Salz, Pfeffer

1 unbehandelte Zitrone

Kalbsbraten in Rotwein

Für 4 Personen ▪ Zubereitungszeit: ca. 1 Std. 20 Min. ▪ Marinierzeit: 2-3 Tage
Pro Person: 419 kcal ▪ 7 g Fett ▪ 9,3 g KH ▪ 15 % kcal aus Fett

1 Das Fleisch waschen und trockentupfen. Sellerie putzen, waschen, schälen und in 1 Zentimeter breite Stifte schneiden. Knoblauch abziehen, in Scheiben schneiden und mit Rotwein und Gewürzen (von den Kräutern etwas zum Abschmecken beiseite legen) kräftig aufkochen. Das Fleisch in die noch warme Marinade legen. Auskühlen lassen und für 2 bis 3 Tage zugedeckt in den Kühlschrank stellen. Das Fleisch nach 1 Tag jeweils wenden.

2 Das Fleisch aus der Marinade nehmen, trockentupfen, mit Salz und Pfeffer würzen, im heißen Öl von allen Seiten anbraten. Die Marinade durch ein Sieb gießen, das Gemüse entnehmen. Das Fleisch aus dem Bräter nehmen, das aufgefangene Gemüse im Bratfett anbraten, die Tomaten dazugeben und mitbraten. Immer wieder Marinade dazugeben, leicht einkochen lassen, bis die Flüssigkeit verdampft ist.

3 Den Backofen auf 200 °C vorheizen. Die restliche Marinade dazugeben, aufkochen, das Fleisch einlegen und im Ofen zugedeckt 1 Stunde und 5 bis 10 Minuten schmoren.

1 kg Kalbsschulter

200 g Knollensellerie

2 Knoblauchzehen

3/4 l Rotwein (z.B. Bardolino)

1 EL Pfefferkörner

1 EL Wacholderbeeren

1 EL Senfkörner

je 2 Zweige Thymian, Salbei und Estragon

Salz

Pfeffer

1 EL Olivenöl

1 Dose geschälte Tomaten (500 g)

Schollenröllchen mit Zucchini-Limetten-Sauce (Foto)

200 g Reis, Salz

4 Schollenfilets (à 150 g)

Pfeffer

1 Schalotte

1 Knoblauchzehe

1/2 Bund Petersilie

3 Zweige Thymian

1 TL Kapern

1 EL Sonnenblumenöl

ca. 1 EL Semmelbrösel

Cayennepfeffer

30 g geraspelter Parmesan

1/2 Zucchini

1/2 rote Chilischote

1 Päck. helle Sauce (für 1/4 l)

1/2 Limette

Für 4 Personen ▪ Zubereitungszeit: ca. 40 Min.
Pro Person: 410 kcal ▪ 10,5 g Fett ▪ 43 g KH ▪ 23 % kcal aus Fett

1 Den Reis nach Packungsanleitung in Salzwasser kochen.

2 Schollenfilets mit Salz und Pfeffer würzen. Schalotte und Knoblauch abziehen und in kleine Würfel schneiden. Petersilie, Thymianblätter und Kapern hacken.

3 In einer Pfanne 1 Teelöffel Öl heiß werden lassen, Schalotte und Knoblauch darin andünsten. Semmelbrösel dazugeben, unter Rühren kurz anrösten. Die Pfanne vom Herd nehmen, Kräuter und Kapern dazugeben und mit Salz, Pfeffer und wenig Cayennepfeffer würzen.

4 Die Schollenfilets gleichmäßig mit der Kräuter-Semmelbrösel-Mischung und dem Parmesan bestreuen und aufrollen. Die Röllchen mit Holzspießchen feststecken. Im restlichen Öl rundherum ca. 15 Minuten braten.

5 Zucchini putzen, waschen und fein raspeln, Chili waschen und in feine Würfel schneiden. 1/4 Liter Wasser zum Kochen bringen, das Saucenpulver einrühren und aufkochen. Zucchini und Chili dazugeben und bei geringer Hitze etwa 2 Minuten kochen, dabei gelegentlich umrühren.

6 Die Sauce mit dem Limettensaft würzen, abschmecken, mit den Schollenfiletröllchen und dem Reis servieren.

Fischröllchen mit Lauch und Paprika

750 g Paprikaschoten
(rot, gelb, grün)

2 Lauchstangen, Salz

60 g Kapern

1 Bund Basilikum

3 TL Sardellenpaste

3 EL Ketchup, Pfeffer

4 Kabeljaufilets (à 150 g;
oder Lengfisch)

1 EL Olivenöl

600 ml Gemüsebrühe

Für 4 Personen ▪ Zubereitungszeit: ca. 30 Min.
Pro Person: 157 kcal ▪ 4,5 g Fett ▪ 5 g KH ▪ 25 % kcal aus Fett

1 Paprikaschoten putzen, waschen und in Streifen schneiden. Lauch putzen, waschen und in ca. 15 Zentimeter lange Streifen schneiden. Den restlichen Lauch klein schneiden. Die Lauchstreifen in siedendem Salzwasser 30 Sekunden sprudelnd kochen, kalt abspülen und trockentupfen.

2 Kapern grob hacken, Basilikum fein schneiden. Sardellenpaste und 1 Esslöffel Ketchup verrühren, Kapern und Basilikum hinzufügen und mit Pfeffer abschmecken.

3 Die Fischfilets längs halbieren, mit der Kapernpaste bestreichen, mit den Lauchstreifen belegen und aufrollen.

4 Das Öl in einem großen Topf erhitzen, den restlichen Lauch und die Paprika darin andünsten. Gemüsebrühe und übriges Ketchup dazugeben und 5 Minuten zugedeckt kochen, mit Salz und Pfeffer abschmecken.

5 Die Fischröllchen auf das Gemüse setzen, zugedeckt bei kleiner Hitze 10 Minuten gar ziehen lassen.

Broccoli-Fisch-Gratin mit Wildreis

Für 4 Personen ▪ Zubereitungszeit: ca. 50 Min.
Pro Person: 518 kcal ▪ 17 g Fett ▪ 53 g KH ▪ 29,5 kcal aus Fett

250 g Schellfischfilet

250 g Lachsfilet

1 Zitrone

300 g Broccoli

Salz

1/4 l Milch

2 Beutel Kräutersauce

100 g geschälte Krabben

1 EL Mandelblättchen

200 g Reismischung mit Wildreis

1 Das Schellfisch- und das Lachsfilet mit kaltem Wasser abspülen, trockentupfen und mit dem Saft der Zitrone beträufeln. Die Filets in 3 Zentimeter breite Streifen schneiden.

2 Den Broccoli putzen, waschen und in Röschen teilen. Die Stiele schälen, in Würfel schneiden und in Salzwasser ca. 5 Minuten dünsten. Die Broccoliröschen hinzufügen und weitere 5 Minuten garen. Den Broccoli abgießen, abtropfen lassen und mit dem Fisch in eine Auflaufform geben. Den Backofen auf 200 °C vorheizen.

3 Die Milch und 1/4 Liter Wasser in eine Schüssel gießen und die Kräuter-Sauce mit dem Schneebesen einrühren. Die Krabben hinzufügen und die Sauce über den Fisch gießen. Mit den Mandelblättchen bestreuen und im Backofen ca. 25 Minuten backen.

4 Die Reismischung nach Packungsanweisung zubereiten und mit dem Broccoli-Fisch-Gratin servieren.

Fischauflauf mit Spinat

Für 4 Personen ▪ Zubereitungszeit: ca. 45 Min.
Pro Person: 397 kcal ▪ 12 g Fett ▪ 31 g KH ▪ 27 % kcal aus Fett

4 Kabeljaufilets (à 150 g)

2 EL Zitronensaft

600 g TK-Blattspinat

1 Paket Tomatenstücke mit Champignons (370 g)

4 EL Crème fraîche

2 EL gehacktes Basilikum

Salz

Pfeffer

600 g gekochte Pellkartoffeln

3 EL geriebener Parmesan

3 EL Paniermehl

20 g Butter

1 Das Kabeljaufilet mit kaltem Wasser abspülen, trockentupfen und mit dem Zitronensaft beträufeln.

2 Den Blattspinat auftauen lassen und ausdrücken. Die Tomatenstückchen erhitzen, das Crème fraîche und das Basilikum dazugeben und mit Salz und Pfeffer abschmecken.

3 Den Backofen auf 220 °C vorheizen. Die Kartoffeln pellen, vierteln und in eine gefettete Auflaufform geben. Mit Salz und Pfeffer bestreuen, den Spinat und die Tomaten darüber schichten.

4 Den Fisch mit Salz und Pfeffer würzen und darauf legen. Den Parmesan und das Paniermehl mischen, auf dem Fischfilet verteilen, die Butter in Flöckchen darüber geben. Im Backofen ca. 20 Minuten überbacken.

Fischeintopf mit Kürbis, Tomaten und Linsen

Für 4 Personen ▪ Zubereitungszeit: ca. 45 Min.
Pro Person: 206 kcal ▪ 4,25 g Fett ▪ 17 g KH ▪ 18,5 % kcal aus Fett

2 Zwiebeln

400 g Kürbis

1 EL Olivenöl

3 EL Linsen

2 Würfel Gemüsebrühe

400 g Kabeljaufilet

2 Limetten

1 Knoblauchzehe

2 Chilischoten

3 Stängel Minze

1 Paket stückige Tomaten (500 g)

1 Zwiebeln abziehen und in Würfel schneiden. Kürbis in Spalten teilen, entkernen, schälen und in Würfel schneiden.

2 Das Olivenöl erhitzen und Kürbis- und Zwiebelwürfel darin ca. 5 Minuten anbraten, mit 1 Liter Wasser aufgießen. Linsen und Brühwürfel hinzufügen, zum Kochen bringen und ca. 30 Minuten bei mittlerer Wärmezufuhr garen.

3 Den Fisch mit kaltem Wasser abspülen, trockentupfen und in 1 Zentimeter dicke Scheiben schneiden.

4 Limetten heiß abspülen. Die Schale einer Limette abreiben, den Saft beider Limetten auspressen. Knoblauchzehe abziehen und durchpressen. Chilischoten abwaschen und in feine Ringe schneiden. Minzeblättchen von den Stielen zupfen und klein schneiden.

5 Den Limettensaft mit der abgeriebenen Schale, Knoblauch, Chili und Minze in einer Schüssel verrühren, die Kabeljaustreifen untermischen und etwa 5 Minuten marinieren.

6 Die Tomaten in den Eintopf rühren und zum Kochen bringen. Das marinierte Fischfilet hinzufügen und bei geringer Wärmezufuhr ca. 5 Minuten leicht kochen.

Fisch-Gemüse-Topf

Für 4 Personen ▪ Zubereitungszeit: ca. 40 Min.
Pro Person: 357 kcal ▪ 7 g Fett ▪ 45 g KH ▪ 18 % kcal aus Fett

800 g Fischfilet (z. B. Kabeljau oder Seelachs)

Salz, Pfeffer

1 Zwiebel

200 g Möhren

2 Lauchstangen

5 Selleriestangen

2 EL Butter

1 Prise Cayennepfeffer

1/4 l Weißwein (z. B. Soave classico)

2 EL gekörnte Brühe

4 EL gehacktes Basilikum

1 Das Fischfilet mit kaltem Wasser abspülen, trockentupfen, in Würfel schneiden und mit Salz und Pfeffer würzen.

2 Zwiebel abziehen und in kleine Würfel schneiden. Möhren putzen, schälen und in Scheiben schneiden. Lauch putzen, waschen und in Ringe schneiden. Sellerie putzen, waschen und in Scheiben schneiden.

3 Die Butter heiß werden lassen und die Zwiebelwürfel darin andünsten. Das Gemüse dazugeben und mitdünsten. Mit Cayennepfeffer würzen, den Weißwein und 3/4 Liter Wasser dazugießen und zum Kochen bringen.

4 Die gekörnte Brühe darin auflösen und bei geringer Hitze ca. 15 Minuten leicht kochen. Die Fischwürfel dazugeben und 5 Minuten gar ziehen lassen. Mit Pfeffer würzen und mit dem Basilikum bestreuen.

Seelachsfilet im Gemüsebett (Foto)

4 Seelachsfilets (à 200 g)

Salz

Pfeffer

200 g Möhren

200 g Lauch

200 g Knollensellerie

20 g Butter

1/4 l trockener Weißwein (z. B. Pinot Bianco)

1 EL gehackte Petersilie

Für 4 Personen ▪ Zubereitungszeit: ca. 30 Min.
Pro Person: 278 kcal ▪ 6 g Fett ▪ 5 g KH ▪ 19 % kcal aus Fett

1 Das Fischfilet kalt abspülen, trockentupfen und mit Salz und Pfeffer würzen.

2 Das Gemüse putzen, waschen, evtl. schälen. Die Möhren, den Lauch und die Sellerieknolle in feine Streifen schneiden.

3 Die Butter heiß werden lassen, das Gemüse darin kurz andünsten, mit Salz und Pfeffer würzen, den Weißwein hinzufügen und ca. 5 Minuten garen.

4 Den Fisch auf das Gemüse legen und bei geringer Wärmezufuhr im geschlossenen Topf gar ziehen lassen, evtl. etwas Weißwein hinzufügen. Mit Petersilie bestreut servieren.

Rotbarben auf dicken Bohnen

500 g Tomaten

400 g dicke Bohnen (Glas)

1 Bund Basilikum

3 EL Olivenöl

Salz

Pfeffer

1 kg Rotbarben (filetiert)

1 unbehandelte Zitrone

Für 4 Personen ▪ Zubereitungszeit: ca. 20 Min.
Pro Person: 591,5 kcal ▪ 18,3 g Fett ▪ 38,3 g KH ▪ 27,8 % kcal aus Fett

1 Die Tomaten waschen, vierteln, entkernen und in Würfel schneiden. Die Bohnen abgießen und abtropfen lassen, das Basilikum hacken. Tomatenwürfel, Bohnen, Basilikum und 2 Esslöffel Öl vermengen, mit Salz und Pfeffer abschmecken.

2 Den Backofen auf 200 °C vorheizen. Die Rotbarbenfilets waschen, trockentupfen, salzen und pfeffern. Ein Backblech mit Backpapier belegen, den Fisch mit der Hautseite nach unten darauf legen und mit dem restlichen Olivenöl bestreichen. Etwa 5 Minuten im Backofen braten.

3 Die Zitrone heiß abspülen und achteln. Den Fisch herausnehmen, mit den Bohnen und den Zitronenachteln anrichten.

Seelachsragout mit Zucchini und Fenchel

600 g Seelachsfilet

3 Zwiebeln

1 Knoblauchzehe

1 Zucchini

1 Fenchelknolle

2 EL Olivenöl

1 Dose geschälte Tomaten (815 ml)

2 EL gekörnte Brühe

1 TL Zitronensaft

Salz

Pfeffer

Für 4 Personen ■ Zubereitungszeit: ca. 40 Min.
Pro Person: 228 kcal ■ 7 g Fett ■ 9 g KH ■ 28 % kcal aus Fett

1 Das Seelachsfilet mit kaltem Wasser abspülen, trockentupfen und in mundgerechte Stücke schneiden.

2 Zwiebeln abziehen, halbieren und in Scheiben schneiden. Knoblauchzehe abziehen und hacken. Zucchini und Fenchelknolle (etwas Fenchelgrün zurückbehalten) putzen, waschen, der Länge nach halbieren und in kleine Würfel schneiden.

3 Das Öl heiß werden lassen, Zwiebeln, Knoblauch, Zucchini und Fenchel darin andünsten. Tomaten abtropfen lassen und etwas zerkleinern. Die Abtropfflüssigkeit und 3/4 Liter Wasser zum Gemüse gießen und zum Kochen bringen. Die gekörnte Brühe unterrühren und ca. 5 Minuten kochen. Seelachsfilet und Tomaten dazugeben und weitere 5 Minuten bei geringer Hitze garen.

4 Mit dem Zitronensaft würzen und mit Salz und Pfeffer abschmecken. Das zurückbehaltene Fenchelgrün klein schneiden und über die Suppe streuen.

Fischfilet in Weißwein mit Tomaten

1 Zitrone

4 Fischfilets (à 150 g; z.B. Seelachs, Schellfisch oder Zander)

Salz

4 Tomaten

Pfeffer

2 Zwiebeln

1 EL Butter

200 ml trockener Weißwein
(z.B. Pinot Bianco)

Für 4 Personen ■ Zubereitungszeit: ca. 30 Min.
Pro Person: 190 kcal ■ 3,5 g Fett ■ 3 g KH ■ 17 % kcal aus Fett

1 Die Zitrone halbieren, eine Hälfte auspressen, die andere in Viertel schneiden. Die Fischfilets unter fließendem, kaltem Wasser abspülen, abtrocknen und mit etwas Zitronensaft beträufeln. Den Fisch 15 Minuten stehen lassen, trockentupfen und salzen.

2 Die Tomaten waschen, halbieren, mit Salz und Pfeffer bestreuen. Die Zwiebeln abziehen und in Würfel schneiden.

3 Die Butter in einem Topf zerlassen, die Zwiebelwürfel darin andünsten. Den Fisch auf die Zwiebeln legen, die Tomatenhälften mit der Schnittfläche nach oben daneben setzen, den Wein angießen und zum Kochen bringen. Im geschlossenen Topf 10 bis 15 Minuten dünsten. Mit den Zitronenvierteln garniert servieren.

Kabeljau-Zucchini-Pfanne

Für 4 Personen ▪ Zubereitungszeit: ca. 25 Min.
Pro Person: 235 kcal ▪ 6 g Fett ▪ 12,5 g KH ▪ 23 % kcal aus Fett

2 Zucchini

250 g Cocktailtomaten

600 g Kabeljaufilet

2 EL Zitronensaft

Salz

Pfeffer

1 EL Olivenöl

1/8 l Gemüsebrühe

1/2 Bund Dill

1/2 Bund Petersilie

150 ml Kaffeesahne

evtl. 1 EL Saucenbinder

1 Zucchini und Cocktailtomaten putzen und waschen. Zucchini in dünne Scheiben schneiden, Tomaten halbieren. Den Fisch mit kaltem Wasser abspülen, trockentupfen, in Würfel schneiden, mit dem Zitronensaft beträufeln, mit Salz und Pfeffer würzen.

2 Die Zucchinischeiben im heißen Öl andünsten. Die Brühe angießen und die Fischwürfel dazugeben. Bei geringer Hitze und geschlossenem Deckel ca. 10 Minuten garen. Die Tomaten kurz vor Ende der Garzeit hinzufügen und miterhitzen.

3 Dill und Petersilie abspülen, trockenschütteln und fein hacken. Die Kräuter mit der Sahne mischen, unter die Fisch-Zucchini-Pfanne rühren, mit Salz und Pfeffer abschmecken und bei Bedarf mit Saucenbinder andicken.

Geräucherte Forelle mit Gnocchi und Feldsalat

Für 4 Personen ▪ Zubereitungszeit: ca. 20 Min.
Pro Person: 724,5 kcal ▪ 12,5 g Fett ▪ 138 g KH ▪ 15,5 % kcal aus Fett

400 g Feldsalat

2 geräucherte Forellen

1 Bund Schnittlauch

2 kleine rote Zwiebeln

5 EL Olivenöl

4 EL Aceto balsamico

4 EL Gemüsebrühe

Salz

Pfeffer

2 Päck. Gnocchi (à 400 g; Fertigprodukt)

1 Den Salat putzen, waschen und abtropfen lassen. Die Forellenfilets enthäuten und in fingerbreite Streifen schneiden. Den Schnittlauch waschen, trockenschütteln und in Röllchen schneiden. Die Zwiebeln abziehen, in feine Würfel schneiden und mit 4 Esslöffel Olivenöl, dem Essig, der Gemüsebrühe, dem Schnittlauch und den Gewürzen zu einem Dressing rühren. Den Feldsalat mit dem Dressing marinieren und auf Tellern anrichten.

2 Die Gnocchi in einer beschichteten, mit dem restlichen Öl leicht eingefetteten Pfanne goldbraun braten.

3 Die warmen Gnocchi und die Forellenfilets um den Salat verteilen und servieren.

Dolci – Desserts

Pappa mit gemischten Beeren (Foto)

Für 8 Personen ■ Zubereitungszeit: ca. 35 Min. ■ plus Kühlzeit
Pro Person: 330,8 kcal ■ 8 g Fett ■ 54 g KH ■ 21,8 % kcal aus Fett

1 l Milch

Mark von 2 Vanilleschoten

170 g Grieß

2 Eier

Salz

70 g Puderzucker

750 g gemischte Beeren
(Erdbeeren, Himbeeren,
Heidelbeeren)

250 g rotes Johannisbeergelee

1 EL abgeriebene Schale einer
unbehandelten Zitrone

3 EL Zitronensaft

100 g Sahne

1 Die Milch mit dem Vanillemark aufkochen, den Grieß unter Rühren einstreuen und bei ausgeschalteter Herdplatte 5 Minuten aufquellen lassen.

2 Die Eier trennen. Eiweiß mit 1 Prise Salz steif schlagen. Eigelb und Puderzucker in einem Rührbecher cremig aufschlagen. Zuerst die Eigelbcreme, dann den Eischnee unter den noch heißen Grieß rühren und kalt stellen.

3 Die Beeren, wenn nötig, waschen, die Erdbeeren in Stücke schneiden. Das Johannis-beergelee mit der Zitronenschale und dem Zitronensaft einmal aufkochen lassen und vorsichtig unter die Beeren mischen und auch kalt stellen.

4 Die Sahne steif schlagen. Den Grieß nochmals kräftig mit dem Schneebesen durchrühren, die Sahne unterheben und in Portionsschälchen füllen. Das Beerenkompott dazu servieren.

Tipp: »Pappa« kommt aus der Kindersprache – allerdings heißt das Wort nicht »Vater«, sondern »Brei«.

Tuttifrutti à la Tiramisu

Für 4 Personen ■ Zubereitungszeit: ca. 20 Min.
Pro Person: 229 kcal ■ 3,8 g Fett ■ 40,8 g KH ■ 14,9 % kcal aus Fett

500 g gemischtes Obst oder
1 Dose Fruchtcocktail (425 ml)

75 g Löffelbiskuits

2 EL Amaretto

1 Päck. Puddingpulver
Mandel-Geschmack

2 EL Zucker

1/2 l Milch

1 EL Kakaopulver

1 Das Obst putzen, waschen und evtl. schälen und in Stücke schneiden bzw. den Fruchtcocktail in einem Sieb abtropfen lassen, den Saft auffangen.

2 Die Löffelbiskuits nebeneinander in eine flache Schüssel legen. 3 Esslöffel Fruchtsaft mit Amaretto mischen und die Löffelbiskuits damit tränken. Die Früchte darauf verteilen, einige zum Garnieren zurückbehalten.

3 Das Puddingpulver mit dem Zucker verrühren, 6 Esslöffel Milch dazugeben und glatt rühren. Die restliche Milch zum Kochen bringen, das angerührte Puddingpulver einrühren und unter Rühren aufkochen lassen.

4 Den Pudding über die Früchte gießen und erkalten lassen. Vor dem Servieren mit Kakaopulver bestäuben und mit den zurückbehaltenen Früchten garnieren.

Frucht-Nougat

Für ca. 16 Scheiben ■ Zubereitungszeit: ca. 1 Std. ■ Ruhezeit: ca. 24 Std.
Pro Scheibe: 180 kcal ■ 4,7 g Fett ■ 30,8 g KH ■ 23,5 % kcal aus Fett

80 g Mandeln

120 g gemischte kandierte Früchte
(wie Zitronat, Orangeat, Kirschen)

400 g Puderzucker

Saft von 1 Zitrone

1 EL Mehl

100 g Zartbitterschokolade

1 Den Backofen auf 150 °C vorheizen. Die Mandeln ca. 3 Minuten in kochendes Wasser legen, die Haut abziehen, abtrocknen und die Mandeln 10 Minuten im Backofen rösten. Evtl. klein hacken.

2 Die kandierten Früchte in kleine Würfel schneiden und mit den Mandeln mischen.

3 Den Puderzucker mit dem Zitronensaft und 1/8 Liter Wasser aufkochen, unter ständigem Rühren mit einem Holzlöffel in 10 bis 15 Minuten zu einem dickflüssigen, fadenziehenden Sirup einkochen. Den Sirup auf ein mit Backpapier ausgelegtes Backblech gießen, die Mandeln und die Früchte hinzufügen und alles gut vermengen.

4 Das Mehl auf ein sauberes Küchentuch streuen. Die Zucker-Frucht-Masse zu einem länglichen Nougat-Block formen, in das bemehlte Tuch einwickeln und 24 Stunden ruhen lassen, damit er fest wird.

5 Die Schokolade im Wasserbad schmelzen lassen. Den Nougat-Block von allen Seiten mit der Schokolade überziehen und fest werden lassen. In Scheiben geschnitten servieren.

TIPP: Der Frucht-Nougat kann mehrere Tage aufbewahrt werden.

Orangenschnitten

Für 36 Stücke ■ Zubereitungszeit: ca. 30 Min. ■ Backzeit: ca. 35 Min.
Pro Stück: 131 kcal ■ 4 g Fett ■ 21 g KH ■ 27 % kcal aus Fett

120 g Halbfettmargarine

130 g Zucker + 250 g br. Zucker

2 TL + 1 EL abgeriebene Schale
einer unbehandelten Orange

160 g Mehl, 2 Eier

5 Tropfen Vanillearoma

1/2 TL Backpulver

120 g gehackte Walnusskerne

140 g Kokosraspel

175 g Puderzucker

2 TL Orangensaft

1 Den Backofen auf 190 °C vorheizen. Die Margarine mit dem Zucker und 1 Teelöffel abgeriebener Orangenschale schaumig schlagen. 130 Gramm Mehl nach und nach einarbeiten, bis ein krümeliger Teig entsteht. Den Teig in eine flache Backform (30 x 23 cm) pressen und im Backofen ca. 10 Minuten backen.

2 Die Eier und den braunen Zucker schaumig schlagen. Das Vanillearoma und 1 Esslöffel Orangenschale dazugeben. Das restliche Mehl und das Backpulver unterheben, die Walnüsse und die Kokosraspel hinzufügen. Die Masse über den Teig verteilen und 20 bis 25 Minuten bei 180 °C weiterbacken.

3 Für die Glasur den Puderzucker und 1 Teelöffel Orangenschale mischen. Den Orangensaft dazugeben und alles glatt rühren.

4 Die Glasur auf den warmen Kuchen streichen. Wenn der Kuchen erkaltet und die Glasur fest ist, aus der Form nehmen und aufschneiden.

Pfirsich-Charlotte

Für 4 Personen ▪ Zubereitungszeit: ca. 1 Std. ▪ Kühlzeit: mind. 4 Std.
Pro Person: 462 kcal ▪ 0,2 g Fett ▪ 61,5 g KH ▪ 0,6 % kcal aus Fett

1 Die Pfirsiche schälen, den Kern entfernen und in Scheiben schneiden. Sofort mit dem Zitronensaft beträufeln. Die Pfirsichscheiben mit Zucker, Weinbrand, Zimt und Zitronenschale in einen Topf geben und in ca. 20 Minuten weich kochen lassen.

2 Die Pfirsiche abtropfen lassen, die Flüssigkeit auffangen. Zimtstange und Zitronenschale entfernen, die Pfirsiche mit einer Gabel zu Mus zerdrücken.

3 Den Boden und Rand einer Puddingform mit den Löffelbiskuits auskleiden und mit der zurückbehaltenen Flüssigkeit beträufeln. Eine Schicht Pfirsichmasse einfüllen, mit Löffelbiskuits abdecken und den Rest der Pfirsiche darauf schichten. Mit einer Lage Biskuits abschließen.

4 Die Pfirsich-Charlotte mindestens 4 Stunden in den Kühlschrank stellen. Vor dem Servieren stürzen.

TIPP: Vanillesauce oder Weinschaumcreme dazu reichen.

1 kg gelbe, reife Pfirsiche

Saft und Schale einer unbehandelten Zitrone

150 g Zucker

2 cl Weinbrand

1 Zimtstange

ca. 200 g Löffelbiskuits

Reiskuchen (Foto)

Für 12 Stück ▪ Zubereitungszeit: ca. 40 Min. ▪ Backzeit: ca. 45 Min.
Pro Person: 240 kcal ▪ 7 g Fett ▪ 35 g KH ▪ 27 % kcal aus Fett

900 ml Milch

100 g Zucker

etwas Safran

Mark von 1/2 Vanilleschote

250 g Risotto- oder Milchreis

3 Eier

70 g Puderzucker

250 g Magerquark

200 g Schmand (24 % F.)

1 Die Milch mit Zucker, Safran und Vanillemark aufkochen. Den Reis hinzufügen und unter Rühren etwa 30 Minuten leicht kochen lassen, bis die Milch aufgesogen ist.

2 Die Eier trennen. Die Eigelbe mit 50 Gramm Puderzucker zu einer dicken Creme rühren, Quark und Schmand hinzufügen und unter die Creme ziehen. Das Eiweiß steif schlagen und ebenfalls unterheben. Die Creme unter den warmen Reis ziehen.

3 Den Backofen auf 200 °C vorheizen. Eine Springform mit Backpapier auslegen, die Reiscreme einfüllen, glatt streichen und im Backofen ca. 45 Minuten backen.

4 Den Kuchen auf einem Rost in der Form auskühlen lassen. Mit restlichem Puderzucker bestreuen.

TIPP: Der Kuchen eignet sich gut zum Einfrieren, hält sich aber auch einige Tage im Kühlschrank. Etwa eine halbe Stunde vor dem Servieren aus dem Kühlschrank holen, da der Reiskuchen bei Zimmertemperatur am besten schmeckt.

Safranbirnen (Foto)

Für 12 Stück ▪ Zubereitungszeit: ca. 30 Min. ▪ Marinierzeit: mind. 8 Std.
Pro Person: 79 kcal ▪ 1 g Fett ▪ 19 g KH ▪ 2 % kcal aus Fett

150 g Zucker

Saft von 1 Zitrone

etwas Safran

12 kleine feste Birnen

1 unbehandelte Zitrone (in Scheiben)

1 Aus 1 Liter Wasser, dem Zucker, Zitronensaft und Safran einen Sud kochen.

2 Die Birnen schälen, ohne den Stiel abzuscheiden, in den Sud legen und etwa 15 Minuten leicht kochen lassen.

3 Den Topf vom Herd nehmen, die Birnen mit den Zitronenscheiben abdecken, damit sie im Sud liegen bleiben und nicht obenauf schwimmen.

4 Abdecken und mindestens 8 Stunden ziehen lassen.

TIPP: Statt Safranbirnen schmecken auch Obstkompott oder frisches Obst sehr gut zum Reiskuchen.

Sauerkirsch-Biskuit

800 g Sauerkirschen

1/2 l Rotwein

4 EL Zucker

1 Zimtstange

Schale von 1/2 unbehandelten Zitrone

200 g Löffelbiskuits

Für 4 Personen ▪ Zubereitungszeit: ca. 30 Min. ▪ Kühlzeit: mind. 3 Std.
Pro Person: 432,8 kcal ▪ 1 g Fett ▪ 35,3 g KH ▪ 2 % kcal aus Fett

1 Die Kirschen waschen und entkernen. Den Wein, den Zucker, die Kirschen, den Zimt und die hauchdünn abgeschälte Zitronenschale in einem Topf zum Kochen bringen. 10 Minuten zugedeckt leicht kochen lassen, vom Herd nehmen und die Kirschen in der Kochflüssigkeit abkühlen lassen.

2 Den Boden einer großen Schüssel mit den Löffelbiskuits auslegen. Die Kirschen mit der Flüssigkeit über die Biskuits gießen, die Zimtstange entfernen.

3 Den Sauerkirsch-Biskuit mindestens 3 Stunden in den Kühlschrank stellen.

Zucchini-Muffins

60 g Halbfettmargarine

100 g Zucker

2 Eier

150 g Mehl

1 TL Backpulver

1/2 TL Zimt

250 g geraffelte Zucchini

100 g Haferflocken

evtl. 2–3 EL Milch

125 g Puderzucker

Für 12 Stück ▪ Zubereitungszeit: ca. 45 Min.
Pro Person: 181 kcal ▪ 4 g Fett ▪ 33 g KH ▪ 19,5 % kcal aus Fett

1 Den Backofen auf 175 °C vorheizen. Die Margarine und den Zucker schaumig schlagen, nach und nach die Eier dazugeben. Das Mehl mit dem Backpulver und Zimt mischen und portionsweise unterrühren.

2 Die Zucchini und die Haferflocken hinzufügen und, falls der Teig zu trocken ist, noch etwas Milch unterrühren. Den Teig in 12 Papierbackförmchen oder gefettete Muffinformen füllen und im Backofen ca. 35 Minuten backen.

3 Für den Guss den Puderzucker mit 1 bis 2 Esslöffel heißem Wasser verrühren und auf die abgekühlten Muffins streichen.

TIPP: Damit sich die Muffins besser aus der Form lösen, das Muffinblech nach dem Backen auf ein nasses Tuch setzen und die Muffins 10 Minuten in der Form auskühlen lassen.

Cantuccini

Für ca. 72 Stück ■ Zubereitungszeit: ca. 40 Min. ■ Kühl- und Abkühlzeit: ca. 1 Std.
Pro Stück: 35,4 kcal ■ 1,1 g Fett ■ 5,5 g KH ■ 27,9 % kcal aus Fett

1 Mehl, Backpulver, Zucker, Vanillinzucker und 1 Prise Salz mischen und mit der Margarine, den Eiern und dem Bittermandelaroma verkneten. Die Mandeln zum Schluss unterarbeiten. Den Teig in Frischhaltefolie einschlagen und 30 Minuten kalt stellen.

2 Den Backofen auf 200 °C vorheizen. Den Teig in 6 gleiche Stücke teilen. Jedes Stück auf einer bemehlten Arbeitsfläche zu einer ca. 25 Zentimeter langen Rolle formen. Auf ein mit Backpapier ausgelegtes Backblech legen und im Backofen 15 Minuten vorbacken.

3 Die Rollen auskühlen lassen und schräg in etwa 2 Zentimeter dicke Stücke schneiden. Die Cantuccini wieder auf das Backblech legen, mit Alufolie abdecken und nochmal 15 Minuten backen.

250 g Mehl

1 TL Backpulver

180 g Zucker

2 Päck. Vanillinzucker

Salz

25 g weiche Halbfettmargarine

2 Eier

1/2 Fläschchen Bittermandelaroma

100 g geschälte Mandeln

etwa 2 EL Mehl zum Bearbeiten

Zuckermeloneneis

Für 6 Personen ■ Zubereitungszeit: ca. 20 Min. ■ Gefrierzeit: mind. 4 Std.
Pro Person: 286 kcal ■ 2,8 g Fett ■ 54,3 g KH ■ 8,9 % kcal aus Fett

1 Die Melone halbieren und entkernen. Das Fruchtfleisch herauslösen und mit dem Schneidestab des Handrührgerätes pürieren. Mit Zucker und Vanillinzucker verrühren, zum Kochen bringen, 5 Minuten leicht kochen, dann abkühlen lassen. Den Pfirsichlikör oder Pfirsichnektar unterrühren.

2 Eine Puddingform oder sechs kleine Förmchen kalt ausspülen, die Melonenmasse einfüllen. Mindestens 4 Stunden, besser über Nacht, im Gefrierfach fest werden lassen.

3 Die Pistazien grob hacken. Vor dem Servieren die Form kurz in heißes Wasser tauchen, auf eine Platte stürzen und die Pistazien über das Zuckermeloneneis streuen.

**1 1/2 kg Zuckermelone
(z. B. Galia- oder Kantalup-Melone)**

100 g Zucker

1 Päck. Vanillinzucker

**100 ml Pfirsichlikör
(ersatzweise Pfirsichnektar)**

30 g Pistazienkerne

LOW FETT-30-Tabelle

Lebensmittel, Menge (essbarer Anteil)	Energie (kcal)	Fett (g)	Kohlen- hydrate (g)	kcal aus Fett (%)
Getreide und Getreideprodukte				
Couscous, 100 g	332	0.8 g	69.0 g	2.17 %
Grieß, 100 g	326	0.0 g	14.0 g	0.00 %
Haferflocken, 100 g	375	16.3 g	63.3 g	15.12 %
Hirse, Korn, 100 g	356	3.5 g	68.8 g	8.85 %
Landkornreis, 100 g	352	1,2 g	78,1 g	3,06 %
Mais, Mehl (Polenta), 100 g	350	2.8 g	66.3 g	7.20 %
Mamma lucia Tortellini mit Fleischfüllung, 100 g	369	9.6 g	56.1 g	23.41 %
Mamma lucia Tortellini mit Käsefüllung, 100 g	369	7.6 g	60.5 g	18.54 %
Mondamin Feine Speisestärke, 100 g	348	0.0 g	87.0 g	0.00 %
Nudeln, eifrei, roh, 100 g	362	1.2 g	75.2 g	2.98 %
Paniermehl, 100 g	350	0.0 g	70.0 g	0.00 %
Reis, Naturreis, gekocht, 100 g	127	0.7 g	27.3 g	4.96 %
Reis, Wildreis, 100 g	338	2.0 g	73.0 g	5.33 %
Risotto Reis, 100 g	349	0,8 g	72,6 g	2,06 %
Roggenmehl, Type 1150, 100 g	321	1.2 g	67.8 g	3.36 %
Spaghetti, 100 g	362	1,7 g	74,4 g	4,23 %
Vollkornnudeln, roh, 100 g	343	3.0 g	64.0 g	7.87 %
Weizenmehl, Type 1050, 100 g	336	1.6 g	67.2 g	4.29 %
Weizenmehl, Type 405, 100 g	338	0.9 g	70.9 g	2.40 %
Brot, Brotaufstriche und Frühstückscerealien				
Brandt Markenzwieback, 100 g	394	6.0 g	74.0 g	13.71 %
Brötchen, hell, 100 g	254	1.7 g	49.6 g	6.02 %
Gelee, rot, z. B. Johannisbeere, 100 g	247	0.0 g	60.6 g	0.00 %
Gutena Filinchen Ballast. Active Knusper-Brot, 100 g	377	5.7 g	70.7 g	13.61 %
Gutena Filinchen Knusper-Brot, 100 g	399	6.2 g	74.7 g	13.98 %
Honig, 100 g	325	0.0 g	81.0 g	0.00 %
Kelloggs Cornflakes, 100 g	368	1.0 g	82.0 g	2.45 %

Lebensmittel, Menge (essbarer Anteil)	Energie (kcal)	Fett (g)	Kohlen-hydrate (g)	kcal aus Fett (%)
Knäckebrot, 100 g	317	1.3 g	65.3 g	3.69 %
Knäckebrot, Vollkorn, 100 g	313	0.1 g	75.0 g	0.29 %
Konfitüre, z. B. Erdbeere, 100 g	256	0.2 g	62.6 g	0.70 %
Laugenbrezeln /-brötchen, 100 g	246	1.8 g	50.3 g	6.59 %
Leicht & Cross Knusperbrot Roggen, 100 g	335	3.0 g	68.0 g	8.06 %
Müsli Vierkorn, 100 g	400	10.0 g	71.0 g	22.50 %
Nestle Fitness & Fruits, 100 g	350	2.2 g	76.6 g	5.66 %
Pflaumenmus, 100 g	200	0.0 g	50.0 g	0.00 %
Roggenmischbrot, 100 g	221	1.0 g	45.4 g	4.07 %
Weizenmischbrot, 100 g	239	1.0 g	50.0 g	3.77 %
Weizentoastbrot, 100 g	265	4.0 g	48.1 g	13.58 %
Weizenvollkornbrot, 100 g	205	0.8 g	41.4 g	3.51 %
Backzutaten und Backmischungen				
Backpulver, 100 g	89	0.0 g	22.0 g	0.00 %
Blatt Gelatine, weiß, 100 g	352	0.0 g	0.0 g	0.00 %
Diamant Backmischung für Ciabatta, 100 g	220	0.8 g	46.6 g	3.27 %
Dr. Oetker Cappuccino-Kirsch-Geheimnis, 100 g	369	1.2 g	77.4 g	2.93 %
Gelatine gemahlen, weiß, 100 g	352	0.0 g	0.0 g	0.00 %
Goldpuder Pizzamischung Italienisch, 100 g	325	1.0 g	0.0 g	2.77 %
Hefe, 100 g	83	2.4 g	11.9 g	26.02 %
Kakaopulver, fettarm, 100 g	272	12.0 g	17.0 g	39.71 %
Mondamin Hefe-Obstkuchen-Teig, 100 g	404	10.4 g	66.4 g	23.17 %
Orangeat, 100 g	305	1.0 g	74.0 g	2.95 %
Puddingpulver, 100 g	349	0.0 g	86.0 g	0.00 %
Puderzucker, 100 g	375	0.0 g	86.0 g	0.00 %
Schwartau Citroback, 100 g	350	9.0 g	52.0 g	23.14 %
Trockenbackhefe, 100 g	335	2.5 g	26.0 g	6.72 %
Vanillezucker, 100 g	375	0.0 g	100.0 g	0.00 %
Zitronat, 100 g	285	1.0 g	70.0 g	3.16 %
Zucker, braun, 100 g	375	0.0 g	95.0 g	0.00 %

Lebensmittel, Menge (essbarer Anteil)	Energie (kcal)	Fett (g)	Kohlen-hydrate (g)	kcal aus Fett (%)
Gemüse, Gemüsekonserven und Pilze				
Artischocke, roh, 100 g	22	0.1 g	2.6 g	4.09 %
Aubergine, roh, 100 g	17	0.2 g	2.7 g	10.59 %
Blumenkohl, roh, 100 g	22	0.3 g	2.3 g	12.27 %
Bohnen, grün, roh, 100 g	26	0.2 g	5.3 g	6.92 %
Broccoli, roh, 100 g	26	0.2 g	2.8 g	6.92 %
Champignon, frisch, 100 g	15	0.2 g	0.7 g	12.00 %
Chili, 100 g	32	0.5 g	6.0 g	14.06 %
Chili Bohnen, 100 g	64	0.5 g	9.5 g	7.03 %
Erbsen, gekocht, in Dosen, 100 g	56	0.3 g	8.8 g	4.82 %
Erbsen, grün, roh, 100 g	70	0.4 g	12.6 g	5.14 %
Feldsalat, 100 g	14	0.3 g	0.7 g	19.29 %
Frühlingszwiebeln, 100 g	23	0.5 g	3.0 g	19.57 %
Gurken, roh, 100 g	12	0.2 g	2.1 g	15.00 %
Hengstenberg Milde Peperoni, 100 g	31	0.2 g	6.4 g	5.81 %
Hengstenberg Original Ital. Tomaten Passato, 100 ml	28	0.1 g	4.9 g	3.21 %
Kartoffel, roh, 100 g	70	0.1 g	15.4 g	1.29 %
Kidneybohnen, 100 g	308	3.3 g	50.0 g	9.64 %
Knoblauch, roh, 100 g	139	0.1 g	28.4 g	0.65 %
Knollensellerie, roh, 100 g	18	0.3 g	2.3 g	15.00 %
Kühne Mixed Pickles, 100 g	30	0.3 g	6.0 g	9.00 %
Kürbis, roh, 100 g	26	0.1 g	4.8 g	3.46 %
Linsen, gekocht, 100 g	90	0.4 g	13.4 g	4.00 %
Linsen, tafelfertig, 100 g	106	1.3 g	17.0 g	11.04 %
Möhren, roh, 100 g	25	0.2 g	4.9 g	7.20 %
Paprika, roh, 100 g	20	0.3 g	3.2 g	13.50 %
Pfanni Kartoffelpüree, 100 g	336	1.0 g	73.0 g	2.68 %
Pfefferschote, Pepperoni, 100 g	20	0.6 g	0.7 g	27.00 %
Pfifferling, getrocknet, 100 g	89	1.9 g	1.8 g	19.21 %
Radicchio, 100 g	13	0.2 g	1.5 g	13.85 %
Sellerie, roh, 100 g	18	0.3 g	2.3 g	15.00 %
Spinat, roh, 100 g	15	0.3 g	0.6 g	18.00 %
Stangensellerie, 100 g	15	0.0 g	2.0 g	0.00 %

Lebensmittel, Menge (essbarer Anteil)	Energie (kcal)	Fett (g)	Kohlen-hydrate (g)	kcal aus Fett (%)
Steinpilz, 100 g	16	0.4 g	0.5 g	22.50 %
Suppengrün, 100 g	40	0.0 g	8.0 g	0.00 %
Tomaten in Dosen, 100 g	19	0.2 g	3.6 g	9.47 %
Tomaten, roh, 100 g	17	0.2 g	3.5 g	10.59 %
Tomatenmark, 100 g	39	0.5 g	5.5 g	11.54 %
Weiße Bohnen, 100 g	87	0.5 g	15.0 g	5.17 %
Wirsing, roh, 100 g	25	0.3 g	2.4 g	10.80 %
Zucchini, 100 g	19	0.4 g	2.1 g	18.95 %
Zuckererbsenschoten, 100 g	70	0.0 g	1.2 g	0.00 %
Zwiebel, roh, 100 g	28	0.2 g	5.8 g	6.43 %
Obst, Obstkonserven und Nüsse				
Apfel, Saft, 100 g	57	0.0 g	11.7 g	0.00 %
Apfelsine, roh, 100 g	42	0.2 g	9.2 g	4.29 %
Aprikosen, roh, 100 g	45	0.1 g	9.9 g	2.00 %
Erdbeere, roh, 100 g	33	0.4 g	6.5 g	10.91 %
Feige, roh, 100 g	61	0.5 g	12.9 g	7.38 %
Heidelbeeren, roh, 100 g	37	0.5 g	7.4 g	12.16 %
Himbeeren roh, 100 g	36	0.3 g	6.9 g	7.50 %
Honigmelone, roh, 100 g	54	0.1 g	12.4 g	1.67 %
Kastanie, 100 g	196	1.9 g	41.2 g	8.72 %
Kirschen, im Glas, 100 g	82	0.2 g	19.5 g	2.20 %
Korinthen, getrocknet, 100 g	259	0.0 g	63.1 g	0.00 %
Wassermelone, 100 g	37	0.2 g	8.3 g	4.86 %
Zitrone, roh, 100 g	41	0.5 g	8.1 g	10.98 %
Zitrone, Saft, 100 g	27	0.1 g	2.4 g	3.33 %
Fleisch und Fleischwaren				
Herta Finesse Schinken Country, 100 g	106	2.0 g	0.0 g	16.98 %
Herta Finesse Truthahn-Brust, 100 g	101	1.0 g	0.0 g	8.91 %
Herta Rohschinken-Würfel, 100 g	119	2.0 g	0.0 g	15.13 %
Hühnerbrust ohne Haut, 100 g	105	1.0 g	0.0 g	8.57 %
Kalbsschnitzel, 100 g	107	2.6 g	0.0 g	21.87 %

Lebensmittel, Menge (essbarer Anteil)	Energie (kcal)	Fett (g)	Kohlen-hydrate (g)	kcal aus Fett (%)
Lachsschinken, 100 g	133	1.0 g	0.0 g	6.77 %
Rindfleisch, mager, Hüfte, Wade, 100 g	108	2.4 g	0.0 g	20.00 %
Schweinefilet, 100 g	106	2.0 g	0.0 g	16.98 %
Tatar, 100 g	113	3.0 g	0.0 g	23.89 %
Truthahnbrust ohne Haut, 100 g	105	1.0 g	0.0 g	8.57 %
Truthahnkeule ohne Haut, 100 g	114	3.6 g	0.0 g	28.42 %
Tulip Gourmetti »Romano«, 100 g	106	3.0 g	4.0 g	25.47 %
Fisch und Meeresfrüchte				
Forelle, 100 g	102	2.7 g	0.0 g	23.82 %
Garnelen, 100 g	87	1.4 g	0.0 g	14.48 %
Kabeljau, Filet, 100 g	68	0.0 g	0.0 g	0.00 %
Languste, 100 g	84	1.1 g	1.3 g	11.79 %
Scholle, 100 g	86	1.9 g	0.0 g	19.88 %
Seelachs, 100 g	80	0.8 g	0.0 g	9.00 %
Thunfisch in Wasser, 100 g	113	0.5 g	0.0 g	3.98 %
Zander, 100 g	83	0.7 g	0.0 g	7.59 %
Eier, Milch und Milchprodukte				
Buttermilch, 100 g	39	0.5 g	4.8 g	11.54 %
Dickmilch, entrahmt, 100 g	32	0.1 g	4.2 g	2.81 %
Exquisa Fitline pur, 0,2 % F., 100 g	63	0.2 g	3.9 g	2.86 %
Exquisa Fruchtquark, 0,2 % F., Kirsch, 100 g	83	0.2 g	14.2 g	2.17 %
Harzer Käse, 100 g	126	0.7 g	0.0 g	5.00 %
Hühnereiklar, 100 g	55	0.2 g	0.7 g	3.27 %
Joghurt aus Magermilch, 100 g	39	0.1 g	4.9 g	2.31 %
Joghurt mit Früchten, gezuckert, 100 g	103	2.5 g	15.5 g	21.84 %
Joghurt, 1,5 % F., 100 g	53	1.5 g	5.6 g	25.47 %
Kaffeesahne, 4 % F., 100 g	128	4.1 g	13.3 g	28.83 %
Kakaotrunk aus Magermilch, 100 g	52	0.3 g	8.9 g	5.19 %
Kefir, 1,5 % F., 100 g	48	1.6 g	3.2 g	30.00 %
Milch, 1,5 % F., 100 g	47	1.5 g	4.9 g	28.72 %
Milch, entrahmt, 100 g	36	0.1 g	5.0 g	2.50 %

Lebensmittel, Menge (essbarer Anteil)	Energie (kcal)	Fett (g)	Kohlen-hydrate (g)	kcal aus Fett (%)
Milram Frühlingsquark leicht, 100 g	82	2.6 g	3.6 g	28.54 %
Molke, süß, 100 g	26	0.2 g	5.0 g	6.92 %
Müller Frucht Buttermilch Multi-Vitamin, 100 g	61	0.4 g	11.5 g	5.90 %
Müller Milchreis Original Caramel, 100 g	110	2.4 g	18.9 g	19.64 %
natreen, Frucht-Quark (alle Sorten), 100 g	53	0.1 g	6.8 g	1.70 %
Speisequark, mager, 100 g	78	0.2 g	4.0 g	2.31 %
Strothmann Molke Drink Apfel-Birne, 100 g	20	0.0 g	4.0 g	0.00 %
Zott Jogolé Fuchtjoghurt, 100 g	79	0.1 g	15.6 g	1.14 %
Zott Jogolé Molkedrink, 100 ml	59	0.1 g	12.7 g	1.53 %
Zott Starfrucht, 100 g	99	2.8 g	15.2 g	25.45 %
Gewürze und Saucen				
Aromat Universal, 100 g	170	4.0 g	21.0 g	21.18 %
Develey Senf Mittelscharf mit Kräutern, 100 g	93	2.5 g	12.8 g	24.19 %
Hengstenberg Pizza Fix Peperoncini, 100 ml	47	0.2 g	9.3 g	3.83 %
Hengstenberg Salsa italienisch, 100 g	8	0.0 g	2.3 g	0.00 %
Kikkoman´s Soja-Sauce, 100 ml	54	0.0 g	5.7 g	0.00 %
Kikkoman´s Süße Soja Sauce, 100 ml	116	0.0 g	22.7 g	0.00 %
Kikkoman´s Teriyaki Marinade, 100 g	83	0.0 g	15.2 g	0.00 %
Knorr Fix für Nudel-Hackfleisch-Gratin, 100 g	236	5.0 g	33.0 g	19.07 %
Knorr Salatkrönung für klare Kräuter-Sauce-Basilikum-Kräuter, 100 g	260	3.0 g	49.0 g	10.38 %
Knorr Tomato al Gusto, 100 g	35	1.0 g	6.0 g	25.71 %
Lacroix Fond, 100 g	9	0.0 g	0.2 g	0.00 %
Meerettich, Glas, 100 g	188	1.9 g	1.9 g	9.10 %
Raguletto Zwiebel & Knoblauch, 100 g	75	1.4 g	10.0 g	16.80 %
Senf, süß, 100 g	125	4.0 g	6.0 g	28.80 %
Fertiggerichte				
D`Angelo Cappelletti mit Pesto, semi-frisch, 100 g	299	4.0 g	56.0 g	12.04 %
D`Angelo Foglie d´olivia mit Basil., semi-frisch, 100 g	291	1.7 g	56.5 g	5.26 %
D`Angelo Gemüse-Tortellini, semi-frisch, 100 g	299	2.2 g	43.7 g	6.62 %
D`Angelo Fagoltini m. Ricotta & Basil., semi-frisch, 100 g	242	7.0 g	35.0 g	26.03 %

Lebensmittel, Menge (essbarer Anteil)	Energie (kcal)	Fett (g)	Kohlen-hydrate (g)	kcal aus Fett (%)
D`Angelo Tofu-Tortellini, semi-frisch, 100 g	289	3.2 g	58.0 g	9.97 %
Du darfst Gemüsetopf Sizilien, 100 g	306	10.0 g	45.0 g	29.41 %
Du darfst Huhn Toscana, 100 g	332	8.0 g	40.0 g	21.69 %
Erasco 1-Portion Ital. Tomaten-Nudeltopf, 100 g	45	0.6 g	7.6 g	12.00 %
Erasco Heisse Tasse extra Grüne Nudels. m. Käse, 100 g	75	1.7 g	13.0 g	20.40 %
Erasco Heisse Tasse Swing Blumenkohl Broccoli mit Pasta, 100 ml	72	1.2 g	13.0 g	15.00 %
Erasco Heisse Tasse Swing Tomate mit Pasta und Bas., 100 ml	71	1.0 g	13.4 g	12.68 %
Erasco Ital. Sommergemüsetopf, 100 g	31	0.8 g	5.0 g	23.23 %
Erasco Ital. Tomaten-Nudeltopf, 100 g	38	0.3 g	6.8 g	7.11 %
Erasco Spaghetti in pikanter Sauce, 100 g	69	2.2 g	9.5 g	28.70 %
Knorr Feinschm. Ital. Gemüse-Suppe (3 Teller), 100 g	265	6.0 g	39.0 g	20.38 %
Knorr Feinschm. Tomatensuppe (2 Teller), 100 g	342	10.0 g	50.0 g	26.32 %
Knorr Spaghetteria Pasta al Pesto , 100 g	393	12.0 g	57.0 g	27.48 %
Knorr Spaghetteria Pasta Pomodoro , 100 g	323	3.0 g	61.0 g	8.36 %
Knorr Spaghetteria Spag. Carbonara (2 Port.), 100 g	398	13.0 g	56.0 g	29.40 %
Kraft Miracoli Pasta Sauce Tomate-Paprika, 100 g	40	0.3 g	7.5 g	6.75 %
Maggi Gemüseravioli, 100 g	76	1.2 g	14.0 g	14.21 %
Maggi Klare Gemüsebrühe instant, 100 g	4	0.1 g	0.2 g	22.50 %
Maggi Knödel (Pulver) Halb & Halb Knödel, 100 g	498	2.4 g	111.6 g	4.34 %
Maggi Pastaria Broccoli-Rollini in crem. Sauce, 100 g	400	10.6 g	60.3 g	23.85 %
Maggi Pastaria Käse-Fusilli in crem. Käse-Sauce, 100 g	398	10.0 g	58.0 g	22.61 %
Maggi Pastaria Tomate Mozarella Penne in Tomaten-Käse-Sauce, 100 g	382	8.3 g	65.0 g	19.55 %
Maggi Ravioli Diavoli, 100 g	70	1.3 g	11.5 g	16.71 %
Maggi Ravioli in Tomatensauce, 100 g	83	1.5 g	15.3 g	16.27 %
Maggi Suppen Mahlzeit Tomatens. m. Ravioli, 100 g	304	4.6 g	49.3 g	13.32 %
Tartex-Ravioli ohne Soja, 100 g	86	2.7 g	12.8 g	28.26 %
Tiefkühlkost				
bofrost Bruschetta Tomate/Morzzarella 264, 100 g	180	4.3 g	27.7 g	21.50 %
Dr. Schnetkamp Vollwert Quark-Kipferl m. Rosinen, 100 g	199	6.3 g	24.9 g	28.49 %
eismann Nudel-Gemüse-Salat 5556, 100 g	80	1.0 g	16.0 g	11.25 %

Lebensmittel, Menge (essbarer Anteil)	Energie (kcal)	Fett (g)	Kohlen-hydrate (g)	kcal aus Fett (%)
bofrost Blattspinat 750, 100 g	14	0.3 g	0.5 g	19.29 %
bofrost Romanesco-Gemüse-Mix 733, 100 g	31	0.3 g	4.9 g	8.71 %
bofrost Pommes frites II 652, 100 g	122	3.9 g	19.4 g	28.77 %
Iglo Pasta Gnocchi mit Tomate-Mozzarella, 100 g	135	4.0 g	19.0 g	26.67 %
McCain Frites, 100 g	141	4.5 g	22.5 g	28.72 %
McCain Golden Americans, 100 g	134	4.0 g	22.0 g	26.87 %
Schne-Frost Gnocchi, 100 g	141	1.7 g	33.3 g	10.85 %
Schne-Frost Kartoffel Omelettes, 100 g	152	1.0 g	33.0 g	5.92 %
Schne-Frost Schupfnudeln, 100 g	155	1.0 g	32.0 g	5.81 %
bofrost Penne Rialto 569, 100 g	181	5.0 g	28.0 g	24.86 %
bofrost Penne Vier Käse 295, 100 g	149	4.6 g	20.5 g	27.79 %
eismann Italienische Nudelpfanne 7432, 100 g	128	3.0 g	16.0 g	21.09 %
eismann Pasta-Pfanne Romana 7382, 100 g	93	1.0 g	15.0 g	9.68 %
Iglo Penne Gorgonzola, 100 g	134	4.1 g	19.0 g	27.54 %
Alberto Pizza Vegetale, 100 g	169	5.0 g	23.0 g	26.63 %
bofrost Bruschetta Schinken und Käse 264, 100 g	197	6.0 g	25.5 g	27.41 %
Dr. Oetker Die Ofenfrische Pizza Paprika-Bolognese, 100 g	197	6.0 g	26.6 g	27.41 %
eismann Pizza Arizona 7772, 100 g	223	7.0 g	28.0 g	28.25 %
Iglo Baguettes Schinken, 100 g	220	5.6 g	33.0 g	22.91 %
Iglo Bistro Baguettes Spinat, 100 g	208	6.8 g	28.5 g	29.42 %
Iglo Hähnchenfilet in Salbeisauce, 100 g	90	2.6 g	8.3 g	26.00 %
bofrost Obsttortenvielfalt 853, 100 g	181	5.5 g	30.6 g	27.35 %
eismann Apfel-Gitter-Kuchen 8254, 100 g	198	6.0 g	34.0 g	27.27 %
Wagner Bruschetta Cocktail-Crema	182	4,1 g	30,4 g	20,27 %
Wagner Bruschetta Tomate-Basilikum	186	5,1 g	30,2 g	24,68 %
Wagner La Pizza Prosciutto-Rucola-Pesto	192	6,2 g	24,5 g	29,06 %
Wagner La Pizza Salmone-Spinaci	189	5,9 g	24,0 g	28,10 %
Kuchen, Gebäck und Knabbereien				
Bahlsen ABC, 100 g	398	1.0 g	90.0 g	2.26 %
Bahlsen Grandessa, 100 g	393	10.0 g	71.0 g	22.90 %
Bahlsen Leibniz Butterkeks, 100 g	446	11.0 g	78.0 g	22.20 %
Bahlsen Mini Domino Edelherb, 100 g	405	13.0 g	68.0 g	28.89 %

Lebensmittel, Menge (essbarer Anteil)	Energie (kcal)	Fett (g)	Kohlen-hydrate (g)	kcal aus Fett (%)
Griesson Russisch Brot, 100 g	389	1.0 g	88.0 g	2.31 %
Griesson Soft Cake Kirsch, 100 g	387	9.0 g	72.0 g	20.93 %
Leicht & Cross Knusperscheiben, 100 g	413	9.0 g	73.0 g	19.61 %
Leicht & Cross Knusperwellen, 100 g	401	9.0 g	72.0 g	20.20 %
Lorenz Brezies, 100 g	368	4.0 g	72.0 g	9.78 %
SCHIPPS, salted, 100 g	438	14.0 g	73.0 g	28.77 %
XOX Apfelchips, 100 g	300	0.9 g	72.0 g	2.70 %
Süßigkeiten				
3 Musketeers Schokoriegel, 100 g	430	13.3 g	76.2 g	27.84 %
Dr. Oetker Creme Tiramisu, 100 g	441	10.9 g	79.3 g	22.24 %
Haribo Goldbären, 100 g	340	0.0 g	78.0 g	0.00 %
Haribo Happy-Cola, 100 g	340	0.0 g	78.0 g	0.00 %
Haribo Maoam Stripes, 100 g	416	6.8 g	86.0 g	14.71 %
Katjes Salzige Heringe, 100 g	345	0.0 g	85.0 g	0.00 %
Löffelbiskuit, 100 g	400	0.0 g	80.0 g	0.00 %
Nestle After Eight, 100 g	423	13.0 g	74.0 g	27.66 %
Storck Campino Orangen & Sahne, 100 g	422	8.5 g	85.8 g	18.13 %
Storck Super Dickmann's, 100 g	366	9.0 g	68.0 g	22.13 %
Storck Vollmilch Brocken, 100 g	415	8.0 g	82.0 g	17.35 %
Zott Mocca, 100 g	107	3.1 g	16.1 g	26.07 %
Eis				
bofrost Orangen Fruchteis 099, 100 g	96	0.0 g	24.0 g	0.00 %
bofrost Sorbet Zitrone Wodka 051, 100 g	131	3.1 g	21.7 g	21.30 %
Dr. Oetker Schatztruhe 12 Eis-Piraten, 100 g	305	7.0 g	22.1 g	20.66 %
Langnese Calippo Erdbeer, 1 Portion	98	0.0 g	24.4 g	0.00 %
Langnese Capri, 1 Portion	52	0.1 g	12.6 g	1.73 %
Langnese Cremissimo Créme Trüffel, 1 Portion	219	6.6 g	20.4 g	27.12 %
Langnese Mini Milk Vanille, 1 Portion	33	0.7 g	5.4 g	19.09 %
Langnese Solero Exotic, 1 Portion	112	3.0 g	19.7 g	24.11 %
Langnese Solero Ice, 1 Portion	86	0.1 g	20.9 g	1.05 %
Langnese Solero Shots Citrus, 1 Portion	22	0.2 g	4.7 g	8.18 %

Lebensmittel, Menge (essbarer Anteil)	Energie (kcal)	Fett (g)	Kohlen-hydrate (g)	kcal aus Fett (%)
Langnese Solero Shots Tropical, 1 Portion	21	0.2 g	4.4 g	8.57 %
Langnese Super Twister Choc, 1 Portion	121	2.9 g	21.4 g	21.57 %
Schöller Beach Kiba, 100 g	98	0.0 g	24.0 g	0.00 %
Schöller Kaktus, 100 g	139	2.6 g	27.7 g	16.83 %
Schöller Manhattan Freezer Cherry, 100 g	160	4.0 g	28.2 g	22.50 %
Schöller Milk Flip, 100 g	125	3.1 g	19.2 g	22.32 %
Schöller Mövenpick 1l Citronen Sorbet, 100 g	123	0.3 g	29.0 g	2.20 %
Außer Haus				
Country Salat, McD, 1 Portion	48	0.6 g	7.9 g	11.25 %
Eis in der Waffeltüte, McD, 1 Portion	153	3.0 g	25.0 g	17.65 %
Eis mit Erdbeersauce, McD, 1 Portion	225	4.0 g	42.0 g	16.00 %
Eis mit Karamelsauce, McD, 1 Portion	281	6.0 g	51.0 g	19.22 %
King Sundae mit Erdbeersauce, 1 Portion	253	5.1 g	40.0 g	18.14 %
King Sundae mit Schokoladensauce, 1 Portion	263	5.3 g	47.5 g	18.14 %
King Sundae-Karamel, 1 Portion	266	7.1 g	30.7 g	24.02 %
Kräuter Dressing, Burger King, 1 Portion	17	0.1 g	3.2 g	5.29 %
McFlurry Smarties, McD, 1 Portion	351	11.0 g	55.0 g	28.21 %
Milchshakes mit Vanillegeschmack, McD, 1 Portion	293	8.0 g	47.0 g	24.57 %
Shake, Burger King, 1 Portion	396	8.3 g	59.4 g	18.86 %
Getränke				
natreen Cafeteria Cappuccino, 100 g	257	6.2 g	34.0 g	21.71 %
Nestle Chococino, mit Wasser zubereitet, 100 g	82	1.8 g	15.5 g	19.76 %
Nestle Nescafe Creme, 100 g	32	0.8 g	5.0 g	22.50 %
Nestle Nescafe Typ Cappucino, Amaretto, 100 g	40	0.7 g	6.7 g	15.75 %
Nestle Nescafe Typ Cappucino, extra-kräftig, 100 g	38	0.8 g	5.8 g	18.95 %
Nestle Nescafe Typ espresso, 100 g	3	0.0 g	0.0 g	0.00 %

Register

Bitte besuchen Sie uns im Internet:

www.droemer-knaur.de

Weitere Titel aus den Bereichen Gesundheit, Fitness und Wellness finden Sie im Internet unter www.wohl-fit.de

Impressum

Bibliografische Information Die Deutsche Bibliothek
Die Deutsche Bibliothek verzeichnet diese Publikation in
der Deutschen Nationalbibliografie; detaillierte bibliografische Daten sind im Internet über http://dnb.ddb.de
abrufbar.

Wichtiger Hinweis

Die im Buch veröffentlichten Ratschläge wurden mit
größter Sorgfalt von Verfassern und Verlag erarbeitet
und geprüft. Eine Garantie kann jedoch nicht übernom-
men werden. Ebenso ist eine Haftung der Verfasser bzw.
des Verlages und seiner Beauftragten für Personen-,
Sach- oder Vermögensschäden ausgeschlossen.

Projektleitung: Kathrin Gritschneder
Redaktion: Damla Özbay, Dagmar Schmohl
Herstellung und Satz: Dagmar Guhl
Fotos: Foodcentrale, Hamburg; Freisteller: Verlag
Umschlag: Daniela Meyer
Reproduktion: Premedia GmbH, Wels/Österreich
Druck und Bindung: Offizin Andersen Nexö, Zwenkau
Printed in Germany

ISBN 3-426-66787-8

Gedruckt auf elementar chlorfrei gebleichtem Papier